10대와 통하는

음식 이야기

10대와 통하는 *음식 이야기*

제1판 제1쇄 발행일 2018년 6월 18일
제1판 제4쇄 발행일 2021년 7월 21일

글 _ 박성규
기획 _ 책도둑(박정훈, 박정식, 김민호)
디자인 _ 서채홍
펴낸이 _ 김은지
펴낸곳 _ 철수와영희
등록번호 _ 제319-2005-42호
주소 _ 서울시 마포구 월드컵로 65, 302호(망원동, 양경회관)
전화 _ (02)332-0815
팩스 _ (02)6003-1958
전자우편 _ chulsu815@hanmail.net

ISBN 979-11-88215-12-6 43330

철수와영희 출판사는 '어린이' 철수와 영희, '어른' 철수와 영희에게
도움 되는 책을 펴내기 위해 노력하고 있습니다.

10대와 통하는

음식 이야기

음식으로 바꾸는 세상

글 박성규

철수와영희

머리말

세상을 더 행복하게 만드는 음식 이야기

미국의 언론인 존 군터는 "진정한 행복은 느긋한 아침 식사다"라고 말했어요. 또 『돈키호테』의 저자이자 해적에게 잡혀 노예 생활까지 한 세르반테스는 "빵만 있으면 어지간한 슬픔은 견딜 수 있다"라고 했죠. 행복 연구에 참여한 사람 대부분은 소득 수준이나 국적에 상관없이, 좋아하는 사람과 맛있는 음식을 먹을 때 제일 행복하다고 답해요. 우리가 평생 찾아 헤매는 행복의 비밀이 음식에 있다니! 어쩌면 허탈한 결론일지도 몰라요. 하지만 느긋하게 식사를 즐기면서 마음껏 수다 떨어 본 게 언젠지 떠올려 보세요. 생각보다 먼 과거의 추억이지 않나요?

우린 행복한 미래를 위해 식사 시간을 아껴가며 일하고 공부해요. 할 일이 얼마나 많은 데 한가하게 밥이나 먹고 있겠어요? 그래서 편의점 삼각 김밥과 도시락, 컵밥이 전쟁 같은 하루를 버티는 전투 식량 역할을 하죠. 하지만 정신없이 바쁜 삶은 남이 시키는 대로 사는 삶과 같을 때가 많아요. 뭘 원하는지, 정말로 중요한 것이 무엇인지 생각할 시간이 없으니까요. 치열한 경쟁을 뚫고 남들이 부러워하는 자리에 올라도 행복해지기 쉽지 않은 이유기도 하죠.

이 책에서는 그토록 많은 사람이 원하지만 잘 생각해 보지 않는 이야기를 하려고 해요. 바로 음식과 행복, 그리고 사랑이죠. 왜 잘 먹는 일이 나를 사랑하는 첫걸음이자 세상을 더 행복한 곳으로 만드는 일인지 확인해 봐요. 음식에 관한 재미있는 이야기와 음식과 함께하는 기상천외한 일도 살펴볼 거예요. 음식에 담긴 슬픈 현실을 확인하고 이러한 현실을 바꾸는 방법도 찾아보고요.

안타깝지만 우리나라 청소년의 행복 지수는 OECD경제협력개발기구 최하위를 벗어나지 못하죠. 그래서 인생을 한 방에 바꿔 줄 행복의 열쇠를 찾는 사람이 많은 듯해요. 하지만 행복은 크기보다는 횟수가 중요해요. 사소한 즐거움을 자주 경험하는 사람이 훨씬 행복하다는 뜻이죠. 즐거운 식사는 하루 세 번의 행복을 보장하니, 이보다 확실한 방법은 없겠죠? 또 행복은 넘칠 정도로 차면 다른 사람에게 나누고 싶어진다고 해요. 이 책도 음식으로 얻은 행복을 나누려는 제 본능의 산물이죠. 행복을 찾는 여러분의 값진 여행에 이 책이 조금이나마 도움이 되었으면 해요.

2018년 6월 박성규

차례

2부 | 세상에서 가장 맛있는 공부

1. 음식 공부는 왜 필요할까요?

2. 알면 알수록 맛있어지는 세상

질문과 답변: 알고 싶어요

3부 | 행복한 세상을 만드는 식탁

1. 음식으로 세상을 바꾸는 사람들

2. 지구를 지키는 식탁

3. 행복의 종착지, 정의로운 밥상

질문과 답변: 알고 싶어요

부록 | 레스토랑 완전 정복

1부

맛있는 행복을 찾아서

01

행복의 기본 재료, 음식

여러분에게 음식은 어떤 의미가 있나요? "음식"이라는 말을 들으면 어떤 이야기를 하고 싶나요? "다 먹고살자고 하는 일이지"라고 말할 정도로, 우리는 무언가를 먹는 데 많은 시간과 노력을 들이죠. 텔레비전에서는 늘 맛집을 소개하고, 음식 정보만 전문적으로 다루는 블로그도 넘쳐나죠. 아무리 먼 곳에 있어도 음식이 맛있다면 전국에서 사람이 몰려들어요. 또 하루에도 수많은 음식 관련 뉴스가 쏟아지고, 식생활이나 음식의 효과를 알려 주는 텔레비전 프로그램도 많아요. 정말 음식 이야기에 둘러싸여 산다고 해도 지나치지 않는 듯해요.

그런데 뜻밖에도 음식이 내게 어떤 의미인가에 관한 이야기는 그리 많지 않아요. 먹는 이야기는 언제나 인기 있는 주제지만, 잘 살펴보면 "새로 나온 메뉴를 반값에 판다더라", "어떤 연예인이 2주 동안 레몬만 먹고 살을 뺐다더라", "요즘 이 음식이 뜬다더라" 같은 단순 정보 전달이 대부분이죠. 나는 어떤 음식을 좋아하고, 왜 좋아하게 됐는지, 무슨 추억이 깃들어 있는지 같은 말은 듣기가 어렵지요. 물론 정보 전달형 대화가 나쁜 건 아니에요. 다만 음식의 다양한 의미와 매력을 함께 나누지 못하는 것이 안타까울 뿐이죠.

행복과 음식의 관계

먹는 걸 좋아한다고 말하면, 맛집을 꿰고 다니며 비싼 음식을 아낌없이 먹는 식도락가로 생각하는 사람이 많아요. 하지만 음식은 우리 생각보다 훨씬 중요한 존재예요. 문명이 발달하기 전에는, 인간의 삶은 곧 먹을거리를 구하는 일이었다고 해도 과언이 아니니까요. 인류는 음식을 쉽게 확보하려고 다양한 도구와 기술을 개발했어요. 또 동물보다 신체적 능력이 떨어지니, 먹고살려면 여러 사람이 힘을 합쳐 사냥하고 음식을 나눠야 했어요. 인간이 사회적 동물이 된 것에 음식이 큰 역할을 한 셈이죠.

게다가 음식은 행복의 원천이라는 점에서도 대단히 중요해요. 세상에 중요한 일이 얼마나 많은데 고작 먹는 데서 행복을 찾다니, 조금 단순하고 한심해 보이나요? 하지만 음식과 행복의 관계는 최초의 식사인 모유에서 찾을 수 있어요. 모유 수유를 할 때 엄마의 뇌에서는 옥시토신이라는 호르몬이 대량으로 나오고, 아기도 모유로 옥시토신을 흡수하죠. 옥시토신은 대표적인 행복 호르몬으로, 누군가를 껴안고 친해지고 싶게 만드는 사랑의 호르몬이에요. 그래서 옥시토신이 부족하면 사랑을 느끼지 못해 우울해지기 쉽죠. 그러니까 사람은 처음으로 무언가를 먹으면서 다른 사람의 체온과 피부를 느끼고, 누군가와 연결되었다는 느낌을 받으며 사랑과 행복을 느끼는 거예요. 단순히 배만 채우는 게 아니라 마음마저 채우는 일이죠.

이렇게 아기가 음식으로 느끼는 사랑과 행복은 아기의 성장과 함께 발전해요. 이유식을 한입 먹었을 때 엄마 아빠가 기뻐하는 모습을 보며, 아기는 즐거운 감정을 나누는 법을 알게 되고요. 그리고 말을 배우면 신체 접촉이 대화로 발전해, 함께 밥을 먹고 이야기를 나누는 '식구'가 되는 거예요. 식구食口의 뜻은 '한집에서 함께 살면서 끼니를 같이하는 사람'이에요. 가족이라도 밥을 같이 먹어야 식구가 된다는 말이죠. 이렇게 함께 음식을 먹으면서 친밀해지는 경험으로 우리는 친구를 사귀게 되지요.

프랑스어로 친구를 꼬뺑copain이라고 하는데, 빵pain을 함께co 먹는 사이란 뜻이에요. 쉽게 말하면 먹으면서 친해진다는 거죠! 여러분도 친구와 친해지게 된 순간을 떠올려 보세요. 나란히 앉아 급식을 먹으

크루아상(croissant). 프랑스어로 초승달을 뜻한다.

며 선생님 험담을 할 때, 내 돈으로 산 떡볶이를 나눠 줄 때, 혼자만 알고 있던 맛집을 함께 순례할 때 우리는 친구가 되죠. 음식은 행복의 원천인 '관계'를 맺는 데 중요한 역할을 하는, 행복의 기본 재료라고 할 수 있지요.

혼자 밥을 먹으면 왠지 쓸쓸해지고 많이 먹게 되지 않나요? 아주 자연스러운 일이에요. 좋은 관계를 누릴 때 찾아오는 마음의 포만감이 없으니까요. 어떤 음식을 먹을까를 고민하는 사람은 많지만, 누구와 함께 얼마나 즐겁게 먹을까를 생각하는 사람은 드문 것 같아요. 요즘 혼자 밥 먹는다는 뜻인 '혼밥'이 유행이죠. 경쟁이 너무 치열해지다 보니 함께 밥 먹을 시간도, 마음을 나눌 에너지도 부족하니까요. 하지만 묘하게도 '먹방'도 같이 유행하고 있어요. 다른 사람이 밥 먹는 모습을 보며 혼자 밥을 먹는 사람이 는다는 뜻이죠. 사실 먹방은 외국 뉴스에서 한국의 독특한 사회 현상이라고 소개할 정도로 많은 사람에게 낯선 문화예요. 밥 먹을 때만이라도 마음 편해지고 싶지만, 좋아하는 사람과 함께 먹는 즐거움을 포기할 수 없어 생긴 일이죠. 몸뿐만 아니라 마음까지 채우는 식사는 인간의 본능이니까요.

행복한 추억, 소울 푸드

20세기 문학을 대표하는 작가 마르셀 프루스트의 『잃어버린 시간을 찾아서』에는 아주 유명한 장면이 나와요. 무기력한 삶에 지친 한 남자가 홍차에 적신 마들렌을 먹는데, 갑자기 옛날에 먹었던 마들렌 맛이 떠오른 거예요. 작은 케이크 하나가 행복했던 시절로 남자를 데리고 가죠. 어린 시절의 자신을 되돌아본 남자는 삶의 목적, 즉 자신이 작가가 돼야 한다는 사실을 깨달아요. 마들렌의 맛이 행복한 추억을 떠올리게 하고, 그 추억은 삶의 의미라는 더 큰 행복을 찾는 단서가 되었죠. 주인공의 내면세계를 따라가는 이 소설은 문학계에 큰 충격을 줬어요. 사람의 의식이 흘러가는 대로 쓴다고 해서 "의식의 흐름 기법"이라는 이름까지 붙었죠.

아주 특별한 사건을 묘사한 것 같지만, 사실 우리는 모두 이런 경험을 하며 살지요. 다른 감각과는 달리, 냄새를 맡는 후각은 기억을

『잃어버린 시간을 찾아서』의 작가
마르셀 프루스트.

저장하고 감정을 조절하는 뇌의 영역과 바로 연결돼 있어요. 그래서 향기를 맡으면 아주 빠르게 과거의 사건을 떠올리게 되죠. 소설가의 이름을 따 '프루스트 현상'이라고 하는데, 미국 모넬화학감각연구센터의 레이첼 헤르츠 박사는 간단한 실험으로 이 현상을 실제로 증명하기도 했어요. 참가자들에게 사진과 향기를 동시에 보고 맡게 한 다음, 사진과 향기 중 하나만 제공했더니 향기만 맡았을 때 과거 사건을 훨씬 더 잘 기억해 냈던 거죠.

서던캘리포니아대학교 신경문화인류학과 존 앨런 교수는 『미각의 지배』라는 책에서 "행복한 사람이란 좋은 추억이 나쁜 기억보다 많은 사람"이라고 정의했어요. 그러니까 행복해지고 싶다면 좋은 추억이 많아야 하는데, 추억은 향기와 함께 저장되니 음식을 이용하면 쉽게 행복을 쌓을 수 있겠죠. 그래서 음식은 행복을 얻는 훌륭한 도구죠. 요리사 박찬일 씨의 책 제목처럼, 『추억의 절반은 맛이다』이니까요. 혹시라도 나쁜 기억이 너무 많아 괴롭다면, 지금부터 좋은 경험을 많이 쌓아 역전해 보면 어떨까요. 음식의 향을 음미하고, 같이 있는 사람과 감상을 나누고, 그 순간을 소중한 추억으로 기억하는 거예요. 지금 이 한 끼는 다시 돌아오지 않는다는 마음가짐으로 즐거운 식사를 하다 보면, 나중에는 하루에도 몇 번씩 행복한 추억을 떠올릴 수 있을 테니까요.

음식과 추억, 행복의 관계를 가장 잘 표현하는 말이 바로 '소울 푸드'예요. 소울 푸드는 원래 미국 흑인 노예들만 먹던 음식을 가리키는 말이에요. 당시 흑인들은 고향을 잊지 않고자, 백인과 다른 자신만의 문화에 소울이라는 말을 붙였어요. 그래서 아프리카계 미국인의 음악은 소울 뮤직이 됐고, 음식은 소울 푸드가 됐죠. 놀랄지도 모르지만, 가장 유명한 소울 푸드는 바로 우리나라 사람들의 사랑을 듬뿍 받는 '프라이드치킨'이에요. 백인들은 닭을 구워서 먹는 로스트치킨을 즐겼죠. 날개나 목처럼 맛이 없거나 먹기 힘든 부위는 버렸는데, 먹을 게 부족한 흑인들은 이걸 튀겨서 먹었어요. 닭 뼈까지 먹어야 하니 기름에 바싹 튀길 수밖에 없었죠. 그러다 우연히 프라이드치킨을 먹어 본 백인들이 그 맛에 반해서, 지금은 미국을 대표하는 인기 음식으로 발전하게 됐어요. 그래서 아프리카계 미국인들은 지금도 닭 날개를 유난히 좋아한다고 해요. 힘든 시절 고향을 떠올리며 먹었던 음식이 바로 닭 날개 튀김이었으니까요.

우리나라에서도 힘들 때 생각나는 음식, 특별한 추억이 깃든 음식을 소울 푸드라고 하죠. '영혼'이라는 말이 주는 울림 때문이겠지만, 사실 우리나라에서 말하는 소울 푸드는 컴포트 푸드Comfort Food, 그리운 음식에 가까워요. 지친 몸과 마음을 쉬게 하고 편안함을 주는 음식이니까요.

행복해지는 방법

음식은 따듯한 관계와 좋은 추억의 원료이기도 하지만, 음식 그 자체가 행복의 재료가 되기도 해요. 우리 몸에서는 행복에 영향을 주는 여러 호르몬이 분비되는데, 이런 호르몬을 만드는 재료가 바로 음식에 있는 영양소니까요.

세로토닌이 행복을 결정한다는 말을 들어 봤을 거예요. 기분을 조절하고 식욕과 수면, 기억력 등에 영향을 준다고 알려져 주목받는 호르몬이죠. 그런데 이 세로토닌의 80퍼센트는 영양소를 흡수하는 소장에서 분비돼요. 최근의 연구에 따르면 소장은 제2의 뇌라 할 정도로 많은 호르몬을 분비하고, 신경도 풍부해 우리의 감정에도 큰 영향을 준다고 해요. 말 그대로 잘 먹어야 행복해지는 거죠!

사실 세로토닌은 인간의 몸과 마음을 조절하는 시스템이 잘 작동하도록 하는 윤활제예요. 그래서 세로토닌이 부족하면 과식, 우울증, 불면증처럼 자신을 잘 조절하지 못하는 증상이 나타나죠. 흔히 식욕을 참지 못하거나 심하게 우울해하면 "정신력이 부족하다, 의지력을 키워라"라고 하는데, 이런 말은 앓아누운 사람에게 등산으로 건강을 찾으라고 하는 꼴이에요. 몸이 제대로 작동하지 않는데 의지력을 발휘할 힘이 있을 리가 없죠. 이럴 때는 무리해서 정신을 혹사하는 대신, 먼저 내 몸을 잘 먹이고 쉬게 해 행복도를 높여야 해요. 행복하다는 건 곧 내 몸과 마음을 내가 관리할 수 있다는 뜻이기도 하니까요.

이렇게 중요한 세로토닌을 만드는 원료는 트립토판이라는 단백질 구성 물질이에요. "단백질이라니! 역시 사람은 고기를 먹어야 해"라고 기쁨의 함성을 지르고 싶죠? 실제로 달걀, 고기, 견과류 같은 고단백질 식품을 많이 먹어야 행복해진다고 주장하는 사람도 있지만, 그렇다고 단백질만 너무 많이 섭취하면 몸에 무리가 와요. 탄수화물, 지방, 비타민, 미네랄 같은 다른 영양소가 없으면 몸이 제대로 작동하지 않아 단백질을 소화할 수가 없고, 결국 세로토닌을 만들지도 못하죠. 또 비타민과 미네랄은 탄수화물, 지방, 단백질 처리를 돕는 윤활유 역할을 해요. 그래서 편식을 고집하고 싶은 사람에게는 슬픈 말이겠지만, 행복하려면 다양한 음식을 골고루 먹어야 해요. 우리를 건강하고 행복하게 만드는 건 특정한 성분이 아니라 음식에 담긴 수많은 영양소의 조화니까요.

또 음식을 먹는다는 행동 자체가 우리를 행복하게 해 준다는 연구도 있어요. 음식을 먹는 첫 단계는 바로 씹는 일이죠? 그런데 바로 이렇게 음식을 씹을 때 세로토닌이 많이 나온다고 해요. 우리 뇌를 가장 많이 자극하는 운동이 바로 '씹기'이기 때문이죠. 맛과 영양을 떠나 먹는다는 일 자체가 우릴 행복하게 한다니, 놀랍지 않나요? 하지만 안타깝게도 요즘 사람들은 무언가를 오래 씹을 일이 많지 않아요. 대부분의 가공식품은 식이 섬유 같은 거친 성분을 제거해 입에서 부드럽게 넘어가게 하죠. '입에서 살살 녹는' 음식을 좋아하는 사람이 많은데, 행복 호르몬이 나오려면 적당히 씹을 필요가 있어요. 요즘 건강을 위해 현미나 생채소 같은 거친 음식을 찾는 사람이 늘고 있죠? 이렇게 많이 씹어야 하는 음식은 건강뿐만 아니라 우리의 행복에도 도움이 돼요. 건강한 음식이 곧 행복한 음식이라는 얘기예요.

조금 어려운 말을 써 가며 잘 먹는다는 일에 관해 이야기했죠? 하지만 이제까지 한 이야기는 엄마의 흔한 잔소리인 "편식하지 말고 골고루, 천천히, 꼭꼭 씹어 먹어라"로 요약할 수 있죠. 맛없는 채소를 먹는 건 괴롭지만, 자연식품은 오래 씹어야 그 섬세한 맛을 느낄 수 있어요. 게다가 식사 시간이 길어져서 과식을 피하게 된다는 장점도 있어요. 우리가 잔소리라고 생각했던 말이 사실은 맛을 제대로 음미하는 법을 가르쳐 주는, 행복과 건강을 부르는 훌륭한 식사 교육이었던 셈이죠!

먹는 즐거움은 어디로 간 걸까요?

이처럼 음식은 행복을 느끼는 데 있어 대단히 중요한 역할을 해요. 맛을 제대로 느끼지 못하는 미각 장애나 냄새를 맡지 못하는 후각 상실증의 대표적인 증상이 우울증일 정도로, 먹는다는 일은 우리에게 많은 즐거움과 행복을 선사하죠.

그런데 음식이 주는 행복과 먹는 즐거움에 관한 이야기를 듣기는 어려워요. 먹는 이야기가 넘쳐난다고 해 놓고 무슨 말이냐고요? 맞아요. 텔레비전에는 군침 도는 음식 영상이 가득하고, 매일 새로운 맛집 정보가 쏟아지죠. 한국인의 입맛을 사로잡으면 세계에도 통한다는 말이 있을 정도로 우리의 음식 사랑은 유별난 수준이에요.

하지만 정작 음식을 좋아한다거나 먹을 때 제일 행복하다고 말하면, 어째서인지 부정적인 시선이 따라오는 것 같아요. 식탐이 있다거나 미련해 보인다는 말을 듣기도 하죠. 또 미식가를 곱지 않은 눈으로 보는 사람도 많아요. 돈이나 식량이 없어 굶주리는 사람들은 생각하지도 않고, 비싼 음식만 골라 먹는 이기적인 인간이라고 여기니까요.

또 음식이 행복이 아니라 고통의 근원인 사람도 많아요. 다이어트 때문에 전전긍긍하는 사람들이 있죠. 오늘도 참지 못하고 밤에 라면을 끓여 먹고는 빈 냄비를 보며 한숨을 내쉬고, 살을 빼겠다고 선언했는데 가족이 내미는 치킨 한 조각의 냄새에 굴복하는 모습은 이미 너와 나의 이야기가 되었어요. 혹시라도 살찌면 어쩌나 하는 두려움이 심해지면, 거식증 같은 섭식장애로 발전하기도 하죠.

폭식 때문에 고민하는 사람들도 있어요. 음식 중독이라는 말이 생길 정도로, 식욕을 조절하지 못해 어려움을 겪는 이들이 늘었어요. 스트레스 때문에 폭식했다가 그런 자신의 모습에 더 스트레스를 느끼는 악순환에 빠지는 거죠.

음식에 대한 단순한 걱정을 넘어 음식 때문에 심각한 혼란과 불안을 느끼는 사람도 있어요. 끊이지 않는 식품 사고와 이랬다저랬다 하는 건강 관련 소식은 도대체 뭘 먹어야 할지 고민하게 하죠. 마가린은 식물성이니 버터보다 몸에 좋다고 하다가, 트랜스 지방전이 지방이 더 해롭다는 사실이 밝혀지면서 하루아침에 금지 음식이 됐죠. 우유는 완전식품이니 많이 먹을수록 좋다는 주장과 알레르기를 유발하니 먹어서는 안 된다는 주장이 팽팽히 대립하고요. 건강 음식의 대명사였던 녹차에서는 갑자기 농약이 검출되고, 커피는 다이어트와 집중력 강화에 도움이 되는 음료였다가 일주일이 지나면 비만의 원인이 돼요. 또 후쿠시마 핵 사고 때문에 방사능에 오염된 식품이 유통되면서 전 국민이 공포에 떨어야 했죠.

이런 음식 불안을 해소하고자, 사람들은 과학을 찾기 시작했어요. 과학적 근거를 통해 안전한 밥상을 차려서 먹기로 한 거죠. 그래서 오메가3, 폴리페놀, 플라보노이드처럼 전문가들만 알던 용어가 유행하기도 했죠. 건강 정보 프로그램도 많이 생겼고, 영양 성분 비율을 따져가며 식단을 짜고 건강 보조 식품이나 보충제를 애용하는 사람도 늘었어요. 하지만 과학적 근거 역시 언제든지 반론이 가능하므로, 우리의 식생활은 더 복잡해졌어요. 음식 관련 논쟁이 벌어지면 거의 논문 수준의 자료가 쏟아지기도 하죠. 확실한 결론을 내리려면 내가 직접 과학자가 돼야 할 것 같아요. 결국 비전문가인 우리는 확실한 해답을 얻는 대신 어느 쪽을 믿어야 할까를 고민해야 하죠.

이렇게 식생활이 혼란스러운 상황이다 보니, 음식이 주는 순수한 즐거움과 행복을 얘기하기가 쉽지 않아요. 가장 편안한 시간이어야 할 식사 시간에 걱정과 불안을 느낀다는 건 대단히 안타까운 일이죠. 그래서 우리의 음식 문화가 왜 이렇게 됐는지 알아봐야 해요. 문제를 해결하려면 문제의 원인을 알아야 할 테니까요. 우리는 언제부터 밥 먹는 것을 고민하게 된 걸까요? 음식에 대한 논란이 끊이지 않는 이유는 뭘까요? 조금 진지한 이야기일지도 모르지만, 다음 장에서 그 원인을 알아보기로 해요.

역사 속 명사들이 사랑한 음식

고종의 커피와 냉면

여러분은 고종 황제라면 어떤 모습이 떠오르나요? 나라의 운명이 위태로운 시대에 왕위에 오른 비운의 황제가 떠오르지 않나요? 하지만 고종이 음식 애호가였다는 사실은 잘 알려지지 않았죠. 통상 수교 거부 정책쇄국 정책을 펼쳤던 아버지 흥선대원군과는 달리, 고종은 서양 음식 문화를 적극적으로 받아들였어요. 가장 대표적인 음식이 바로 커피예요. 을미사변명성 황후 시해 사건으로 아내를 잃은 고종 황제는 러시아 공사관으로 급히 처소를 옮겼고, 이때 커피를 처음 마셨다고 해요. 그리고 그 맛을 잊지 못해 경운궁지금의 덕수궁으로 돌아온 뒤 정관헌이라는 서양식 정자를 짓고, 이곳에서 커피를 마시며 외국 공사들과 연회를 가졌어요. 지금도 덕수궁에 가면 그 모습을 확인할 수 있죠.

또 고종은 배달 문화의 선구자였어요. 유명 요릿집에 주문해 음식을 궁궐까지 가지고 오게 하는, 당시로써는 혁신적인 문화를 즐겼던 거예요. 특히 야식으로 냉면을 즐겨서 대한문 밖에 있는 냉면집을 즐겨 이용했다고 해요.

사실 고종 황제는 대단히 불행한 시대를 살았던 인물이에요. 나라가 풍전등화인 상황에서 아내는 살해당하고, 자신은 독살 위협에 시달렸죠.

고종 황제가 커피를 즐겨 마시던 덕수궁 정관헌.

이렇게 극심한 스트레스는 불면증으로 이어졌어요. 잠 못 이루는 밤을 커피와 냉면으로 달랬을 황제의 모습을 상상하면, 우리가 즐기는 음식에도 역사의 아픔이 담겨 있음을 느낄 수 있죠.

세종 대왕의 고기 사랑

우리나라 역사상 최고의 왕을 뽑으라면, 가장 많은 대답은 역시 세종 대왕이겠죠. 훈민정음 창제가 가장 유명한 업적이지만, 사실 세종 대왕은 행정, 음악, 과학, 경제학, 농업, 천문학 등에서도 뛰어난 업적을 이룬 지도자예요. 서양의 르네상스 시대 천재들에 비교해도 전혀 손색이 없지요.

하지만 이런 분에게도 약점이 있었으니, 바로 고기를 너무 좋아했다는 거예요. 고기반찬이 없으면 아예 밥을 먹지 않았을 정도라고 하니, 지독한 편식쟁이였던 셈이죠. 아버지 태종이 삼년상 중에는 고기를 먹지 못하는데 "세종은 고기를 좋아하니 내 상을 치를 때는 고기를 먹게 하라"는 유언을 남길 정도로 고기 사랑이 대단했어요. 하지만 효심이 깊은 세종은 아버지가 돌아가시고 3년 동안 고기를 멀리했는데, 다른 좋아하는 음식이 없다 보니 식사를 제대로 하지 못해 무척 수척해 보였다고 해요. 오죽하면 신하들이 제발 고기를 드시라며 간청할 정도였죠.

이렇게 세종 대왕은 고기는 좋아했지만 운동은 싫어해서 어릴 때부터 상당히 비만했어요. 그래서 30살이라는 젊은 나이에 당뇨에 걸렸고, 말년에는 합병증 때문에 눈이 거의 보이지 않았다고 해요. 이렇게 아프고 나서야 비로소 건강의 소중함을 깨달았는지, 아들들에게는 사냥과 운동을 적극적으로 권했다고 해요. 위대한 왕에게도 식생활을 바꾸기란 쉽지 않은 법이었나 봐요.

서 태후와 짜장면

청나라 말기를 통치한 황후 서 태후의 밥상은 어땠을까요? 중국에서 황제는 정말로 엄청난 권력을 누렸고, 이를 과시하는 무대가 바로 식탁이었어요. 그래서 서 태후의 한 끼 식사에는 128가지 산해진미가 올라왔다고 해요. 지금으로 치면 한 끼에 8백만 원이나 썼던 셈이죠! 오늘 맛있게 먹은 음식은 내일 다시 먹지 않았고, 같은 음식을 세 숟가락 이상 먹지 않았다니 요리사들이 꽤 고생했을 거예요.

하지만 이런 절대 권력을 누린 여제의 소울 푸드는 뜻밖에도 소박한 짜장면이에요. 서양 연합군이 베이징을 점령하자, 서 태후는 시안으로 급히 피신했어요. 보통 사람은 상상하기도 어려운 사치를 누리던 사람이 피난길에 올랐으니 훨씬 더 힘들었겠죠. 이렇게 피곤하고 지쳤을 때 우연히 한 음식점에서 짜장면을 먹었는데, 얼마나 맛있었는지 피난 생활이 끝나자 아예 주방장을 자금성으로 불러왔다고 해요. 덕분에 서민들이 먹던 짜장면이 베이징에 대유행하게 되었어요.

사실 이 베이징식 짜장면은 우리가 지금 먹는 짜장면과는 매우 달라요. 면 위에 볶은 된장과 생채소를 넣어서 먹는 식인데, 달콤한 한국식 짜장면과는 달리 상당히 짜고 텁텁하다고 해요. 그래서 우리나라 사람들이 중국에서 먹고 가장 실망하는 음식이에요. 짜장면은 소박하기 짝이 없지만,

"짜장면이 뜬다"라는 특집 기사를 담은 주간지 「뉴스메이커」의 표지. (1999년 4월 29일 자)

힘든 시절을 버티게 해 준 고마운 존재이기에 서 태후를 사로잡을 수 있었겠죠.

어렵고 가난한 시절에 먹은 면 요리에는 묘한 힘이 있는 것 같아요. 우리나라 어른들의 짜장면 사랑도 대단해서, '자장면'이 표준어가 되자, '짜장면'을 돌려 달라며 전국민적 저항 운동이 일어났을 정도니까요. 결국 복수 표준어로 인정되어 지금은 마음껏 짜장면이라고 부를 수 있게 되었어요.

괴테의 초콜릿

"눈물 젖은 빵을 먹어 보지 않고는 인생의 참맛을 모른다."

독일을 대표하는 문호인 괴테의 명언이죠. 아무리 슬프고 괴로워도 배가 고프면 먹어야 하는 인간의 삶을 잘 설명하고 있지요. 이렇게 멋진 표현을 남긴 괴테는 실제로도 미식가이자 대식가였다고 해요. 어린 시절 혼자 자는 무서움도 엄마가 상으로 복숭아를 주겠다는 말 한마디에 극복했고, 학생 때는 생선 튀김 때문에 수업에 빠질 정도였죠. 시를 좋아하는 며느리에게는 「프라이팬에서 갓 구워 낸 시」라는 작품을 보내 자기가 먹고 싶은 음식을 알려 주기도 했어요. 또 여행을 가면 그 지방의 음식과 재료를 살펴보고, 요리법과 구입 장소, 보관 방법, 제철 재료까지 기록으로 남겼으니 진정으로 음식을 사랑한 미식가라고 할 수 있죠.

미식가인 괴테가 즐겨 먹던 음식은 초콜릿이에요. 초콜릿이 예술적 영감을 준다고 생각해서 거의 매일 초콜릿 음료를 마셨고, 여행 중에는 아내에게 좋아하는 초콜릿을 보내 달라고 편지를 쓸 정도였죠. 또 좋아하는 여성이 생기면 항상 꽃과 초콜릿으로 사랑을 표현한 낭만적인 사람이기도 했지요. 초콜릿 사랑이 이렇게 지극하다 보니, 괴테의 이름을 딴 초콜릿이 있을 정도예요. 달콤하면서도 씁쓸한 초콜릿의 맛, 인생을 닮은 이 복잡 미묘한 맛이 괴테 문학의 원동력이었을지도 모르죠.

헤밍웨이와 모히토

몇 년 전부터 모히토라는 이름의 음료가 갑자기 인기를 끌고 있죠. 원래는 쿠바를 대표하는 칵테일이지만, 술을 넣지 않은 무알코올 모히토가 나와서 여러분도 즐길 수 있게 됐어요. 우리나라에서는 재료를 구하기 힘들어 그다지 유명하지 않았는데, 어느샌가 여름을 대표하는 음료로 자리잡은 것 같아요. 모히토 광고를 보면 "헤밍웨이가 사랑한 칵테일"이라는 표현이 빠지지 않지요.

실제로 헤밍웨이는 쿠바에서 『노인과 바다』를 집필하면서 하루에 모히토를 7~8잔씩 마셨다고 해요. 취향도 아주 분명해서, "내 모히토는 라 보데기타에서"라는 글을 단골 가게에 남겼어요. 이 한 문장 덕분에 라 보데기타는 일 년 내내 관광객이 몰려드는 국제적 명소가 되었으니, 역시 글로 승부하는 작가답다고 해야겠죠.

사실 모히토는 쿠바에서는 아주 흔한 재료인 럼주, 라임, 설탕, 민트로 만드는 서민의 술이에요. 그만큼 저렴하니 헤밍웨이도 부담 없이 마실 수 있었겠죠? 또 이름에도 멋진 의미가 있어요. 'Mojo'라는 스페인어에서 유래했는데, '마력이 있는 물건, 사람을 끌어당기는 매력'이라는 뜻이죠. 제대로 만든 모히토는 새콤한 라임과 향긋한 민트가 무더위에 지친 정신을 번쩍 깨워 줘요. 정말로 마력이 있는 물건처럼 더운 여름이면 저절로 주문하게 되죠. 헤밍웨이는 모히토를 마시면서 『무기여 잘 있거라』 마지막 페이지를 39번 고쳐 쓰고, 『노인과 바다』는 200번 넘게 고쳐 썼다고 해요. 무더위 속에서 지루한 과정을 버티게 해 준 모히토야말로 진정한 마법의 음식일 거예요.

02

우리 시대의 음식 문화

잘못된 식생활은 여러분 책임이 아니에요

먼저 음식 문화가 무엇인지 생각해 볼까요. 음식 문화는 말 그대로 우리의 식생활을 결정하는 문화에요. 우리는 음식 문화라는 큰 틀 속에서 무엇을 어떻게 먹을지 결정하죠. 누가 시키지 않아도 여름에는 냉면과 삼계탕을 찾고, 비가 오면 전을 부치고, 생일이 되면 케이크를 자르고, 중요한 시험 전에는 엿을 선물하는 것처럼요. 그래서 다른 나라의 음식 문화가 유행하면 생활 방식까지 그 나라를 닮아가곤 하죠.

여러분, 세계에서 비만 인구가 가장 많은 나라가 어딘지 아나요? 오랫동안 미국이었지만, 얼마 전에 멕시코가 미국을 앞질러 세계 최고 비만 국가가 되었다고 해요. 미국의 음식 문화를 그대로 받아들였더니 체형까지 미국인과 비슷해진 거죠. 사실 미국의 음식 문화가 유행하면 비만율이 오르는 현상은 전 세계에서 확인되었어요. 물론 개인의 노력으로 식생활을 바꿀 수는 있지만, 그 영향력에서 완전히 벗어나긴 어려워요.

요즘 "청소년들의 식생활에 문제가 있다, 청소년들이 인스턴트 식품을 무척 좋아한다"는 말을 들어 봤을 거예요. 여러분도 먹기 싫은 음식을 억지로 먹으라고 해서 괴로울 때가 많죠? 혹시라도 이 책 내용이 여러분에게 그런 잔소리로 들리진 않을지 걱정되네요. 하지만 사실 여러분의 식생활은 여러분의 책임이 아니에요. 직접 요리를 하지 않는 이상 청소년이 무엇을 먹을지 적극적으로 선택하고 식단을 개선하긴 어렵죠. 가정과 학교에서는 미리 정해진 음식을 먹고, 밖에서는 가게에서 파는 한정된 제품을 사 먹어야 하니까요. 그래서 여러분의 식생활은 여러분이 선택한 결과라기보다는, 우리 사회 음식 문화의 결과라고 봐야 해요. 사회가 음식을 어떻게 생각하고 대하는지가 여러분의 식생활에 그대로 담기는 거죠.

우리가 아플 때를 생각해 보면, 처음에는 몸에서 제일 약한 곳부터 아프기 시작해요. 이때 적절한 치료를 받고 푹 쉬면 금방 회복되죠. 하지만 계속 무리를 하면 아픈 곳이 점점 늘어나고, 나중에는 입원까지 해야 해요. 훨씬 더 많은 시간과 노력을 들여야 하는 셈이죠. 사회도 마찬가지라서, 사회에 문제가 생기면 가장 약한 사람부터 고통받아요. 그래서 잘못된 음식 문화가 주는 피해는 청소년 여러분이 가장 먼저 겪게 됩니다. 그러니 청소년의 식생활에 문제가 있다면, 그 책임은 여러분이 아니라 그런 음식 문화를 제공하는 우리 사회에 있어요.

하지만 안타깝게도 우리는 잘못된 식생활을 너무 쉽게 개인의 탓으로 돌리곤 해요. 청소년들이 절제력이 없어 가공식품을 너무 많이 먹는다거나, 부모가 제대로 된 밥상을 차려 주지 않아서 문제라고 말하는 거죠. 정말로 여러분이 나약해서 건강한 식생활을 하지 못하는 걸까요? 부모님이 여러분을 사랑하지 않아서 제대로 먹이지 않는 걸까요? 잘못된 식생활을 개인의 책임으로만 돌리는 일은, 음식을 '문화'로 보지 않아서 생기는 오해예요. 음식은 우리가 어릴 때부터 자연스럽게 보고 배우는 문화예요. 그리고 앞에서도 얘기했지만, 우리의 음식 선택은 이런 문화의 틀 속에서 결정되죠. 특히 음식 문화는 쉽게 바뀌지 않는 강력한 전통이어서, 문화를 넘어 한 민족의 정체성이 되기도 해요. 미국 한인 타운에 가면 못 구하는 한국 음식이 없다고 하죠? 언어와 생활 방식은 바뀌도 음식은 쉽게 바꾸지 못한다는 말이 있죠. 이렇듯 음식 문화는 우리의 일상생활을 결정하고, 민족의 정체성을 유지해 주는 중요한 역할을 하죠.

그런데 이런 음식 문화는 왜 생기는 걸까요? 인류가 음식 문화를

1979년 3월 주식회사 금성사가 제작한 냉장고 소개 광고지.

만들고 오랫동안 유지해 온 이유는, 바로 '생존'이에요. 가장 생존에 유리한 전략이 곧 문화가 되는 거죠. 전 세계 전통 식단은 대부분 쌀, 밀, 옥수수 같은 곡물을 기본으로 하고, 채소와 과일, 해산물로 영양을 보충하는 방식이에요. 곡물은 같은 크기의 땅을 사용했을 때 가장 많은 에너지를 공급하는 음식이고, 보관하기도 쉽죠. 그래서 곡물을 주식으로 삼는 쪽이 생존에 가장 유리했어요. 소, 돼지, 닭 같은 육류는 귀중한 재산이기 때문에 고기는 특별한 날에만 먹을 수 있었죠. 만약 육류를 주식으로 삼았다면, 동물들이 엄청나게 많은 풀과 곡물을 먹어 치우고 그만큼 많은 사람이 굶주려야 했겠죠. 게다가 옛날에는 냉장고가 없어서 고기처럼 잘 상하는 음식은 짧은 시간 안에 다 먹어야 했어요. 그러니 자연히 다른 사람과 나눠 먹게 되고, 이런 날이 바로 잔치나 축제일이 되었죠. 평소에는 잘 먹지 못하는 음식을 먹으면서 함께 살아가는 기쁨을 느끼니까요. 이렇듯 음식 문화는 단순한 습관이 아니라, 우리 조상들이 경험을 통해 알아낸 정교한 생존 전략이지요.

급변하는 사회와 음식 문화

하지만 이렇게 오랫동안 유지돼 온 음식 문화는 현대에 들어와 많은 변화를 겪게 돼요. 사회 자체가 엄청나게 빨리 변하기 때문이죠. 특히 우리나라는 짧은 시간 안에 너무 많은 변화를 겪었어요. 여러분의 부모님 세대가 살아온 산업화 시대에는 대부분 사람이 같은 가치를 추구했고, 생활 방식도 비슷했어요. 열심히 공부해서 좋은 대학에 가고, 남들이 부러워하는 직장에 들어가 적당한 나이에 결혼해서, 점점 넓은 집으로 이사하는 '표준적인 행복한 인생'이 있었죠. 그래서 사람들의 식생활도 대부분 비슷했어요. 하지만 시대가 바뀌면서 사람들이 추구하는 가치와 생활 방식이 다양해졌어요. 평생직장이라는 말도 사라졌고, 여러 가지 직업을 가지거나 집에서 일하는 사람이 늘어났어요. 당연히 해야 했던 결혼도 이제 선택이 되었고요. 예전에는 미혼 아니면 기혼이었지만 지금은 결혼을 포기한 '불혼'도 있고, 결혼 자체를 거부하는 '비혼'도 생겼어요. 기러기 아빠와 주말 부부라는 새로운 가족 형태도 생겼죠. 그러다 보니 1~2인 가구도 대폭 증가해 2016년 기준으로 전체 가구의 54퍼센트를 차지하죠. 이렇게 가족의 모습이 다양해지면서, 전통적인 음식 문화를 유지하기가 어려워졌어요.

또 우리나라는 전쟁이 끝나고 근대화가 시작되면서 음식 문화가 크게 변했어요. 미군이 먹던 서양 음식이 유행하고, 쌀 부족 문제를 해결하고자 밀가루 음식을 먹자는 운동을 하기도 했어요. 지금은 건강을 해치는 음식의 대명사처럼 된 라면도, 이때는 고열량에 동물성 지방이 풍부한 우수 식품으로 광고했지요. 피자와 햄버거는 서울 사람만 먹을 수 있는 최고급 음식이었죠. 무엇보다도 사람들이 도시로 몰리면서 도시의 삶과 농촌의 삶이 완전히 분리되는 시대가 열렸어요. 여러분의 부모님은 이런 문화의 격변기를 살아왔어요. 전통문화는 사라져가지만, 변화의 속도가 너무 빠르다 보니 새로운 문화를 만들 시간과 여유가 없었죠. 그래서 이런 혼란스러운 상황이 그대로 여러분의 음식 문화에 담기게 되었어요.

그럼 여러분의 음식 문화는 어떤 모습일까요? 확실한 사실은, 사람들의 식생활이 참으로 다양해졌다는 거예요. '이제 보편적인 음식 문화는 없다'고 할 정도니까요. 생활 방식이 비슷했던 과거에는 많은 사람이 비슷한 시간에 아침-점심-저녁을 먹었지만, 지금은 그렇지 않지요. 2016년 국민 건강 영양 조사에 따르면 우리나라 사람의 아침 식사 결식률은 29.6퍼센트 정도예요. 3명 중 한 명은 아침을 먹지 않는 셈이죠. 청소년도 28.2퍼센트라는 높은 결식률을 기록하고 있어요. 삼시 세끼라는 말이 사라질지도 모르는 상황이죠.

또 식사 풍경도 많이 달라졌어요. 온 가족이 함께 모여 밥을 먹는 모습은 줄어들고, 각자 밖에서 식사를 해결하는 빈도가 늘었어요. 동화 약품의 2012년 설문 조사에 따르면, 가족 식사 횟수가 1주일에 2회 이하라는 대답이 초등학생 가정은 9.6퍼센트, 중학생 가정은 11.3퍼센트, 고등학생 가정은 24.7퍼센트라고 해요. 자녀가 성장할수록 가족이 따로 식사하는 횟수가 부쩍 늘어난다는 뜻이죠. 그리고 한집에서 밥을 먹는다고 해도 각자 자기가 먹고 싶을 때 먹거나, 같은 밥상에서 먹을 때도 자기가 좋아하는 음식만 먹는 경향이 늘었다고 해요.

정해진 식사 시간 없이 배가 고프면 그때그때 간편한 음식으로 끼니를 해결하는 사람도 많죠. 초식 동물이 풀을 뜯으며 돌아다니는 모습 같다고 해서 그레이징Grazing 식사라고도 하고, 걸어 다니며 먹는다고 해서 방랑자식 식생활Vagabond Feeding이라고도 하죠. 혼자 밥 먹는 사람이 늘어나면서 '혼밥'이라는 말이 유행하고 혼밥 전용 식당까지 등장하고 있어요. 간단히 말하면, 밥상이 점점 사라지고 다른 방식의 음식 섭취가 늘어나는 셈이죠.

이런 많은 변화는 가족이 하던 일을 '식품 산업'이 대신했기 때문에 가능한 일이었어요. 우리의 밥상을 가족이 아니라 기업이 차리게 된 거예요. 쉽게 말하면, 음식이 상품이 된 거죠. 돈을 주고 음식을 먹는 일은 지금 우리에게는 아주 당연한 일이지만, 외식은 근대화 때문에 가능해진 아주 특별한 일이었어요. 사회 변화 때문에 점점 많은 사람이 밥을 사 먹어야 하는 상황이 되었고, 이런 필요를 해결하고자 식품 산업이 발전했어요. 음식이 돈이 된다는 사실을 알게 된 기업들은 본격적으로 음식을 상품화하기 시작했고, 이제는 물까지 사 먹는 시대가 되었죠.

이렇게 다양한 음식 상품 덕분에 사람들은 언제 어디서든 빠르게 음식을 먹을 수 있게 되었고 정해진 밥때를 지킬 필요가 없어졌죠. 24시간 영업하는 가게도 많고, 전화 한 통만 하면 새벽까지 온갖 음식이 배달되니까요. 예전에는 음식 재료도 계절에 따라 달라졌지만, 지금은 마트에 가면 계절에 상관없이 전 세계에서 수입된 다양한 음식을 살 수 있어요. 또 패스트푸드나 인스턴트 음식은 반찬을 갖출 필요가 없으니, 텔레비전이나 컴퓨터 앞에서 밥을 먹어도 전혀 이상하지 않죠. 힘들게 밥상을 차릴 필요가 없는 자유롭고 편리한 삶이 마음에 드나요? 하지만 식품 산업의 밝은 모습 뒤에는 그림자가 있어요. 기업의 가장 중요한 가치가 이윤이라는 점 때문이죠. 음식 관련 사고가 계속되고, 건강한 음식을 먹는 일이 어렵고 복잡해지는 근본 원인이 바로 여기에 있어요.

뉴스를 점령한 음식들

음식 상품화는 풍족한 식탁을 제공했지만, 한편으로는 수많은 음식 관련 사고를 일으키기도 하죠. 우리의 생존이 걸린 만큼 이런 사고는 엄청난 공포와 논란을 일으키지만, 문제의 근본적인 원인에 대해서는 잘 이야기하지 않는 듯해요. 어떤 문제의 재발을 막으려면 그 원인을 정확하게 알아야겠죠? 그럼 우리나라를 뒤흔든 식품 사고와 음식 상품화가 어떤 관련이 있는지 확인해 보기로 해요.

먼저 가장 큰 논란이 된 사건은 광우병 사태일 거예요. 정확한 명칭은 소해면상뇌증이지만, 광우병이라는 용어가 너무나 유명하고 강렬해서 정식 의학 용어처럼 쓰이죠. 이 사건은 미국산 쇠고기 수입이 논의되면서 시작되어, 수입 쇠고기가 광우병을 일으킬 수 있는가를 놓고 나라 전체가 치열한 논쟁을 벌였어요. 하지만 애초에 광우병이 왜 일어났는지는 잘 알려지지 않았죠. 광우병은 영국에서 처음 발생했고, 광우병으로 사망한 사람도 대부분 영국인이에요.

많은 학자는 그 원인을 1972년부터 사용한 육골분으로 추정해요. 육골분은 소나 양을 도축하고 남은 뼈나 내장 같은 부산물을 갈아서 만든 사료예요. 이걸 소에게 먹이면 우유가 많이 나오고 체중도 빨리 늘어난다는 사실을 알게 된 거죠. 부산물 처리 비용도 줄일 수 있으니 축산업계로

2008년 미국산 쇠고기 수입 반대 시위를 하는 시민들.

서는 일거양득이었고요.

초식 동물인 소에게 이런 걸 먹이다니 어이가 없을지도 모르지만, 저렴한 쇠고기 생산이 더 중요했기 때문에 큰 문제가 되진 않았어요. 그런데 육골분을 먹은 소들이 이상해지기 시작했어요. 공격적인 행동을 보이거나 갑자기 주저앉더니 다시 일어서지 못했던 거죠. 소들이 미친 것처럼 보인다고 해서 이런 증상을 Mad Cow Disease, 즉 광우병이라고 불렀어요. 그리고 소를 통해 광우병 유발 물질을 사람이 섭취한 결과가 바로 인간 광우병이죠. 결국 영국 정부는 뒤늦게 육골분을 금지했고, 그러자 광우병 발생도 급속히 줄어들었죠.

쇠고기에 광우병 사태가 있었다면, 닭고기와 오리고기에는 조류 독감 문제가 있죠. 조류가 걸리는 독감이라고 해서 Avian Influenza, 줄여서 AI라고 불러요. 뉴스에서 한 번쯤 들어 본 단어죠? 동물이 걸리는 병이 이렇게 심각한 문제인 이유는 인간에게 전염될 수 있기 때문이에요.

사실 조류 독감은 인간에게 전염되지 않는다고 믿었기 때문에, 아무도 심각하게 생각하지 않았어요. 하지만 H5N1이라는 변종 조류 독감 바이러스로 1997년 홍콩에서 6명이 사망하면서 상황은 급변하게 되죠. 전 세계적으로 14,000여 명을 죽게 한 신종 플루가 H5N1의 돌연변이 변종으로 추정되고 있어요. 우리나라에서도 H5N8 바이러스가 발견되어 수많은 닭과 오리가 살처분됐어요. 특히 2016년 발생한 조류 독감 사태로 닭과 오리가 1,600만 마리나 살처분되면서, 국내 양계 산업 자체가 위태로워졌어요. 또 1918년 발생해 무려 5천만 명을 죽게 한 스페인 독감도 사실은 조류 독감이었음이 밝혀지면서, 전문가들은 AI가 정말로 심각한 전염병이 될지도 모른다고 경고했어요.

그런데 이상하지 않나요? 현대 의학은 날로 발전하는데 왜 동물 때문에 걸리는 병을 막지 못하는 걸까요? 그 이유는 저렴한 닭고기와 오리고기에서 찾을 수 있어요. 자연 상태의 건강한 닭과 오리는 조류 독감에 잘 걸리지 않거나 걸려도 병이 크게 퍼지지 않지만, 안타깝게도 저렴한 고기 생산을 위해 많은 닭과 오리가 건강을 잃고 있어요.

운동하면 살이 잘 찌지 않으니 도살될 때까지 좁은 철창에 가두고, 햇볕도 쬐지 못하게 하며, 성장 촉진을 위해 24시간 불을 켜 놓는 곳도 있죠. 이렇게 스트레스를 많이 받는 닭과 오리가 빨리 죽지 않도록 사료에 항생제를 섞지요. 그러다 보니 바이러스에 감염되기도 쉽고, 한 마리만 감염돼도 대단히 빠르게 퍼지며, 항생제를 이기는 변종 바이러스가 계속 출현하죠. 이런 생산 환경을 개선해 건강한 닭과 오리를 키우는 것이 근본적인 해결책이지만, 값싼 고기를 포기하지 않는 이상 문제는 계속 반복될 거예요.

음식 상품화가 급격히 진행 중인 중국에서도 많은 사고가 발생하죠. 그중에서도 특히 멜라민 분유 사태는 어린아이들이 피해자여서 충격이 더 컸어요. 멜라민은 멜라민 수지라는 플라스틱을 만들 때 쓰는 화학 물질이에요. 식당이나 배달 음식점에서 멜라민으로 만든 그릇을 자주 볼 수 있죠. 그런데 이런 물질이 분유에 들었다니, 상상조차 못 했던 일이 일어나고 말았죠. 멜라민이 우리 몸에 들어오면 신장에서 이를 걸러내는데, 너무 많은 양이 들어오면 신장이 무리하게 돼요. 그래서 신장 결석이나 신부전증 같은 병에 걸리기도 해요. 사실 멜라민은 동물 실험 결과 독성이 소금과 비슷한 수준으로 나와 안심하고 사용하던 물질이에요. 하지만 아기들이 대량으로 섭취하는 일은 예상하지 못했죠. 결국 5만 명이 넘는 아동이 신장 질환에 걸렸고, 4명이 사망하고 말았어요.

그런데 도대체 왜 플라스틱을 분유에 넣은 걸까요? 이유는 바로 우유 가격 때문이에요. 중국에서는 수익을 위해 우유에 물을 타는 행위가 문제가 되곤 했어요. 하지만 이를 방지하기 위한 검사 방법이 개발되었죠. 우유 내의 단백질량을 측정하는 거예요. 순수한 우유가 아니라면 단백질 비중이 적을 테니까요. 단백질은 질소량을 기준으로 측정하는데, 일부 업자들이 바로 이점을 악용했죠. 우유에 물을 탄 다음 70퍼센트가 질소인 멜라민을 추가해 수치를 높였던 거예요. 그래서 이런 우유로 만든 분유에 멜라민이 대량으로 들어갔고, 조사 결과 과자와 동물 사료에서도 멜라민이 검출되었죠.

미국의 한 건강식품 업체가 중국산 원료가 들어가지 않았음을 인증하는 '차이나 프리' 스티커를 붙이겠다고 해 국제적인 문제가 되기도 했어요. 어른들의 탐욕이 애꿎은 아이들을 피해자로 만든 대표적인 사건이죠.

이렇게 큰 반향을 일으킨 사건 외에도, 음식 상품화의 부작용은 이미 우리 주위에서 쉽게 찾을 수 있어요. 오래된 저급 쌀을 찐 다음 표백제를 이용해 하얗게 만든 중국산 찐쌀, 버리거나 동물 사료로 써야 하는 불량 달걀을 식용으로 유통한 사건, 여과제로 색깔만 맑게 한 폐유로 튀긴 발암물질 치킨 등등. 끊이지 않는 식품 사고가 우리에게 엄청난 스트레스를 주고 있어요. "도대체 뭘 먹어야 할지 모르겠다, 밥상 차리기가 무섭다"는 탄식이 터져 나오죠. 모두 상품의 원가를 최대한 낮춰 수익을 극대화한다는 논리가 음식에 적용된 결과예요.

상품이 된 음식이 불러온 비극

현대 음식 문화의 변화를 한마디로 요약하면, 영리 조직이 가족 대신 여러분의 밥상을 차리게 됐다는 거예요. 음식이 사랑의 표현에서 수익을 내는 상품으로 변한 거죠. 식품회사도 결국 기업이라는 틀에서 벗어날 수는 없으니까요. (이윤 극대화 대신 다른 가치를 추구하는 새로운 형태의 기업도 있어요. 이런 기업은 3부에서 알아보기로 해요.)

가족의 자리를 대신하게 된 기업은 다양한 상품으로 우리의 마음을 사로잡았어요. 아이들에게 마트는 천국과도 같은 곳이죠. 한쪽에는 수많은 과자가 산처럼 쌓여 있고, 시식 코너에서는 공짜로 먹을 수 있고, 배고프면 떡볶이나 어묵 같은 간식을 사 먹을 수 있으니까요. 음식 상품의 국적도 다양해져서, 전자레인지를 이용하면 세계 각국의 냉동 요리를 3분 만에 먹을 수 있어요. 또 같은 상품도 종류가 수십 가지예요. 특히 삼각 김밥이나 라면 같은 식사 대체 상품은 신제품이 꾸준히 출시되고 있어요. 이렇게 다양한 음식 상품을 보고 있으면, 우리나라가 기아에 시달렸던 시절이 있었는지 의문이 들 정도예요. 하지만 이런 풍요로움에는 우리가 생각하지 못하는 부작용이 있어요. '잘 팔리는' 제품만 먹게 된다는 사실이에요.

기업은 여러분이 싫어하는 걸 억지로 먹일 이유가 전혀 없어요. 당근이나 시금치처럼 건강에는 좋지만, 인기 없는 재료를 넣었다가 판매량이 떨어지면 큰일이니까요. 그래서 여러분의 건강을 위해 균형 잡힌 영양소를 제공하는 대신, 인기 있는 맛에 집중할 수밖에 없어요. 여러분이 설탕을 너무 많이 섭취해 충치가 생긴다거나, 영양소 불균형으로 체력이 떨어지고 건강에 문제가 생겨도 상관하지 않아요.

요즘엔 건강을 생각해 천연 재료를 넣었다는 제품도 많이 나오죠? 블루베리나 단호박 같은 재료를 넣었다는 과자나, 과일과 식이 섬유를 첨가해 몸에 좋다는 시리얼 광고를 봤을 거예요. 하지만 광고와는 달리 이런 제품들이 건강이나 다이어트에 도움이 되지 않는다는 기사를 보곤 하죠. 대부분 당분이 너무 많다는 내용이죠. 여기에는 다 이유가 있어요. 인간은 본능적으로 단맛을 좋아하기 때문에 인기 있는 상품은 대부분 단맛이 강해요.

그래서 식품에 들어있는 당분량을 알아보면 깜짝 놀랄 때가 많아요. 콜라 같은 청량음료 한 캔[350ml]에는 보통 각설탕 8개[24g] 분량의 당이 들어 있죠. 이 사실이 알려지자, 음료 업체들은 과일 음료와 비타민 음료를 건강식품으로 홍보하기 시작했어요. 또 피로할 땐 에너지 음료를 마셔야 한다는 마케팅을 펼치기도 했죠. 하지만 이런 제품들도 크게 다르지 않아요. 제품에 따라 차이는 있지만 과일 주스 한 병[210ml]에도 각설탕 9개, 비타민 음료[500ml]에는 4개, 에너지 음료[355ml]에는 최고 12개 정도의 당분이 들어 있거든요. 종류는 다르지만, 맛이라는 측면에서 보면 모두 달콤한 물인 거죠.

음료뿐만 아니라 여러분이 좋아하는 떡볶이, 피자, 치킨, 햄버거, 아이스크림에도 당분이 상당히 많이 들어 있어요. 매운맛이나 짠맛이 더 강하거나, 차가운 온도 때문에 잘 못 느낄 뿐이죠. 그래서 김빠진 콜라나 녹은 아이스크림은 먹기가 어려울 정도로 달지요. 이렇게 인기 있는 맛이 중요하다 보니, 제품의 종류는 많지만 정작 맛은 획일화되고 있어요. 우리는 풍요롭지만 빈곤한 식생활을 하는 거죠.

현대인의 식생활이 뜻밖에 빈곤하다는 사실은 음식의 '재료'를 살펴보면 쉽게 알 수 있어요. 『생존의 밥상』(김수현)이라는 책에 따르면 산업화 이전 인류는 3,000가지 음식을 즐겼지만, 지금은 150개 정도로 줄었다고 해요. 그리고 인간이 재배하는 농작물 7,000여 개 중 고작 30개가 세계 열량 섭취량의 80퍼센트를 책임지고 있어요. 상품으로 만들어 수익을 올리기 쉬운 식품 위주로 전 세계 밥상이 비슷해졌다는 얘기예요. 미국의 환경 운동가 마이클 폴란은 미국인은 사실상 옥수수만 먹고 사는 셈이라고 주장하기도 했지요. 저렴한 옥수수 사료로 가축을 키우고, 옥수수 전분으로 치킨너깃을 만들고, 옥수수 시럽으로 단맛을 내니까요. 우리나라도 백미, 돼지고기, 라면, 빵, 우유, 국수, 쇠고기가 전체 에너지 공급의 50퍼센트 이상을 차지하죠. 음식 상품은 많지만, 재료를 살펴보면 생각보다 다양하지 못한 거예요.

음식의 다양한 가치 중에서 경제성이 중요해지다 보니, 음식 자체의 다양성도 줄고 있지요. 사과 품종이 얼마나 다양한지 알고 있나요? 홍로, 홍옥, 감홍, 추광, 화홍, 아오리, 선홍 등 전 세계적으로 7,500개나 돼요. 하지만 우리나라 사과 생산량의 절반 이상은 부사가 차지하고 있어요. 크기가 크고 단맛이 강해 인기가 많고, 저온에

옥수수. 미국의 환경 운동가 마이클 폴란은 미국인은 사실상 옥수수만 먹고 사는 셈이라고 주장한다.

서 보관하면 오랫동안 팔 수도 있으니까요.

토마토도 마찬가지예요. 토마토 품종은 야생종을 포함하면 5,000개가 넘지만, 우리가 흔히 접하는 토마토는 역시 크기가 크고 단 품종이에요. 게다가 충분히 익었을 때 따면 물러지기 쉬우니, 아직 맛이 다 들지 않았을 때 따서 유통 과정에서 익히곤 해요. 외국산이라면 이 과정이 더 길어지겠죠. 그래서 토마토 농부들은 사람들이 토마토의 참맛을 모른다고 한탄하기도 해요.

감자도 여러 품종이 있는데 전분이 많아 쪄 먹으면 맛있는 '남작'과 수분이 많아 반찬으로 적당한 '수미'가 있고, '두백'이나 '선농' 같은 개량 품종도 있어요. 하지만 역시 병충해에 강한 '수미'가 대부분을 차지하죠. 감자에 여러 품종이 있다는 사실을 모르는 사람도 많아요. 그래서 포슬포슬한 찐 감자를 좋아하는 사람들은 일부러 '남작'을 찾아다녀야 하는 상황이에요.

사라져 가는 요리들

이렇게 풍요롭지만 빈곤한 음식 문화는 요리의 획일화로 이어지기도 해요. 사실 요리에는 주어진 자연환경을 최대한으로 이용하는 인류의 지혜가 담겨 있어요. 그리고 이런 생존을 위한 지혜에 창의력이 더해지면서, 우리의 삶은 더욱 풍성해졌죠. 하지만 음식이 산업이 되고 수익이 중요해지면서 음식 재료의 다양성이 줄어들고, 결국 요리 역시 사라지는 현상이 반복되고 있어요.

대표적인 재료는 삼겹살이에요. 우리나라 사람들은 대체로 지방이 많은 부위가 주는 고소한 맛을 좋아해서, 전체 돼지고기 소비의 40퍼센트를 삼겹살이 차지하고 있어요. 수요가 많으니 당연히 가격도 비싼 편이죠. 김치찌개에 어울리는 앞다릿살도 있고 스테이크에 어울리는 등심도 있지만, 삼겹살의 압도적인 인기를 따라가지는 못하죠. 그래서 인기 없는 부위는 양이 남아돌아 삼겹살의 4분의 1 가격으로 팔린다고 해요. 결국 양돈업 자체가 삼겹살에 지나치게 의존하는 구조가 됐죠. 우리나라 양돈업은 곧 삼겹살 공급 산업이라고 할 정도니까요. 하지만 구제역 등의 영향으로 국내산 삼겹살이 비싸지자, 사람들은 수입 삼겹살을 찾게 됐어요. 결국 특정 부위에 소비가 집중되면서 다양한 육류 요리를 즐길 기회는 줄고, 국내 양돈업계는 상황이 더 어려워졌죠.

여러분이 사랑하는 치킨은 어떨까요? 사실 우리나라 토종닭은 맛있는 육수를 내기에 적합한 품종이에요. 그래서 백숙, 삼계탕, 초계탕, 닭곰탕처럼 닭을 끓이는 요리가 발달했죠. 하지만 지금은 닭요리라면 누구나 치킨을 먼저 떠올릴 정도로, 튀긴 닭이 국민 요리 대접을 받아요. 튀긴 음식은 유난히 인기가 많죠? 튀김 옷의 설탕과 소금, 그리고 기름의 지방 성분이 결합해서 누구나 좋아하는 맛이 나오기 때문이에요. 또 요리법을 표준화하기가 쉬워서 경험이 부족한 사람도 짧은 시간 안에 배울 수 있거든요. 그래서 치킨 산업은 폭발적으로 성장했고, 이제는 닭을 키우는 환경 자체가 치킨을 만들기에 적합한 구조로 바뀌었어요. 좁은 사육장에 가둬 키워 육질이 부드러운 닭을 집중적으로 키우게 된 거예요. 상대적으로 사육 비용이 많이 드는 토종닭을 키울 이유가 없으니까요. 그러다 보니 닭 육수로 만드는 요리는 점점 줄어드는 반면 치킨 가게는 너무 늘어나, 프라이드 치킨이 한국 경제를 위협한다는 외국 언론의 기사까지 나올 정도예요.

이처럼 획일화된 음식 문화는 우리 생활 곳곳에서 찾아볼 수 있지만, 가장 안타까운 희생양은 바로 김치예요. 여러분은 '김치'라는 말을 들으면 어떤 음식이 떠오르나요? 대부분 고춧가루로 양념한 배추김치가 연상될 거예요. 겨울철 김장 풍경에는 큰 대야에 가득 담긴 절인 배추와 양념이 빠지지 않죠. 하지만 이런 모습의 김치는 뜻밖에 역사가 짧아요. 고추는 임진왜란 때 본격적으로 들어왔고, 지금의 김장 배추는 19세기 초반에 들어온 것으로 추정되니까요. 우리가 배추김치를 먹은 시간이 100년 정도밖에 안 된다는 뜻이에요. 사실 김치는 하나의 요리가 아니라 요리 형식 자체를 의미하는 말이죠. '빵 위에 소스를 바르고 치즈를 올려서 굽는다'라는 형식만 지키면 다 피자라고 부르듯이, 소금을 이용해 채소를 발효하는 요리법 자체가 김치인 거죠. 그래서 김치의 역사는 3,000년에 달하고 종류도 200가지가 넘어요. 무, 열무, 갓, 고들빼기, 부추, 오이, 콩잎처럼 제철에 구할 수 있는 재료를 오랫동안 먹을 수 있어, 음식의 다양성을 확보해 주는 훌륭한 음식 문화죠. 김치가 있어 한식은 채소 섭취율이 대단히 높은 식단이 되었어요.

그런데 이렇게 많은 김치는 어디로 갔을까요? 언젠가부터 제철 재료를 이용한 다양한 김치는 사라지고, 우리 식탁에는 일 년 내내 배추김치가 올라오죠. 맛 칼럼니스트 황교익 씨는 배추김치를 사계절 먹는 것이 한식의 기본이라는 생각 자체에 문제가 있다고 했어요. 김치 종류를 단순화하면서 김치를 상품화하기에는 편해졌지만, 바로 이 점 때문에 우리 밥상이 저렴한 가격의 중국산 김치에 잠식당했다는 거죠. 계절별로 다양한 김치를 먹어 많은 채소를 조금씩 재배했다면, 최소한 각 지역의 다채로운 조리법을 유지했다면 중국 김치 산업이 한국에 진출하기 어려웠을지도 몰라요.

더더욱 아쉬운 점은, 정작 맛있는 배추김치를 먹기도 쉽지 않아요. 오랜 시간 소금에 절여 발효시켜야 제맛이 나지만, 빠른 생산을 위해 발효 시간을 줄이려고 과도한 소금과 조미료로 맛을 내는 김치가 많으니까요. 그래서 김치가 건강식품이기는커녕 나트륨 과잉 섭취의 주범으로 몰리는 슬픈 일이 일어나지요.

식품 산업 전반에서 일어나는 이런 현상을 효율적이고 합리적이라 생각하는 사람도 있어요. 생산자들은 관리하기 편하고, 소비자들은 싸고 간편하게 맛있는 음식을 먹을 수 있으니까요. 자본주의 사회에서는 어쩔 수 없는 일이라 말할지도 모르죠. 또 저렴한 음식 상품이 없다면 많은 사람이 굶주릴 거라는 의견도 있어요. 모두 일리

1956년 김장철 시장 풍경.

가 있는 말이에요. 하지만 편리함을 얻은 대가로 우리는 비만과 미각 장애, 음식 중독 같은 새로운 문제를 겪지요. 음식을 통해 얻었던 행복도 빼앗겼고요. 다양함에서 오는 재미와 즐거움이 없다 보니, 먹는 일이 그다지 즐겁지 않게 된 거예요.

재미와 즐거움이 없는 식탁

획일화된 음식 문화가 밥상의 행복을 빼앗는다는 말이 와 닿지 않을지도 몰라요. 오히려 언제 어디서나 안정적인 수준의 음식을 먹을 수 있어 마음이 편하다는 사람도 있죠. 특히 점점 늘어나는 프랜차이즈 업체들은 처음 간 동네에서도 밥집 선택의 고민을 덜어 줘요. 배낭 여행할 때는 맥도날드 같은 패스트푸드 가게가 사막의 오아시스처럼 보인다고 해요. 하지만 선택의 폭이 좁아 편하다는 말은 반대로 생각하면 선택하는 재미가 없다는 뜻이죠. 무언가를 선택할 수 있다는 건 생각보다 중요한 행복의 조건이에요. 그만큼 삶이 풍요롭고 행복해질 방법이 많다는 뜻이니까요.

환경 보호에 관심이 있다면 '생물 다양성'이라는 말을 들어 봤을 거예요. 특정 지역 안에 얼마나 다양한 생물이 있는지를 의미하는 말이죠. 환경이 오염되거나 파괴되면 생물 다양성이 급격하게 줄어들어요. 음식 문화도 비슷해서, 다양성의 감소는 그만큼 문화가 위태롭다는 뜻이기도 해요.

이런 획일화 현상이 사회 문제로 발전한 곳이 있어요. 바로 빵집이에요. 대기업 프랜차이즈 빵집 때문에 동네 빵집들이 사라져 간다는 얘기를 들어 봤죠? 언제나 빵과 케이크가 가득한 데다 제휴 할인까지 되니, 많은 사람이 프랜차이즈 빵집을 선호하죠. 그래서 왜 정부가 나서서 프랜차이즈 빵집 확산을 막는지 이해가 안 갈지도 몰라요. 기업 간의 자유로운 경쟁을 막는다는 이유로 반대하는 이들도 많죠. 하지만 이렇게까지 해서라도 다양성을 유지하려는 이유는, 제빵 업계 전체가 위태로워지기 때문이에요. 우리나라의 프랜차이즈 빵집은 대형 마트와 비슷하죠. 빵, 과자, 디저트, 케이크, 음료, 아이스크림까지 모두 한 번에 살 수 있어 편리해요. 그런데 제과 제빵 강국인 프랑스에서는 이런 형태의 빵집을 찾기가 쉽지 않다고 해요. 종류별로 전문점이 따로 있기 때문이죠. 그래서 빵집은 블랑제리boulangerie, 케이크와 과자 전문점은 파티스리patisserie, 초콜릿 전문점은 쇼콜라트리chocolaterie라고 구분해서 불러요.

사실 제과 제빵은 상당히 수준 높은 기술이 필요해서 이런 전문화가 꼭 필요해요. 빵이나 케이크를 직접 만들어보면 손이 많이 간다는 사실에 놀랄 거예요. 그래서 프랑스에서는 실력 있는 제과 제빵사는 전문인으로 인정받아, 레지옹 도뇌르라는 국가 훈장을 받기도 해요. 그리고 이렇게 유능한 사람들이 일하는 곳은 자연히 지역 관광 명소가 되죠. 크리스마스나 명절이 다가오면 유명 제과사가 만든 케이크를 몇 달 전에 예약하는 사람도 많다고 해요. 하지만 프랜차이즈 빵집에서는 이런 문화를 즐기기가 어렵죠. 프랜차이즈 빵집은 기본적인 작업을 공장에서 한 다음 각 체인점에 배달하기 때문에, 이렇게 전문적인 기술이 필요한 빵을 모두 팔 수 있어요. 그러다 보니 우리는 빵과 케이크를 사면서도 이걸 누가 만들었는지, 얼마나 맛있는지는 신경 쓰지 않아요.

이런 현상이 식품 산업 전반으로 확산하면서, 이제 음식을 고르고 먹는 일이 쇼핑처럼 느껴지기도 해요. 누군가의 생일이 되면 할인이 많이 되는 빵집에 들러 무난한 케이크를 사고, 배가 고프면 체인점에 들어가 쿠폰이 있거나 행사 중인 제품을 사는 거죠. 그래서 음식 업계에서는 좋은 재료와 실력 있는 요리사보다 마케팅 기술이 더 중요하다는 얘기까지 나와요.

음식의 가치를 말하기가 어려운 세상

음식 상품화가 진행되면서 음식 문화가 획일화되고, 이윤이 중요해지면서 음식 사고가 발생한다는 이야기를 했죠. 이런 흐름이 계속되면서 음식에 많은 가치를 두지 않는 사람이 늘고 있어요. 물론 음식을 진심으로 싫어하는 사람은 없죠. 인간은 누구나 먹어야 살 수 있으니까요. 하지만 음식에는 단순한 생존 유지뿐만 아니라 사랑, 관계, 환경, 평화 같은 다양한 가치가 담겨 있어요. 그래서 처음에는 건강 문제 때문에 음식에 관심을 가졌다가 환경 운동가로 변신하거나, 전 세계의 불평등한 밥상에 분노해 세계 기아 퇴치에 앞장서기도 하죠. 나 자신의 행복에서 시작해 점점 더 많은 사람을 행복하게 하는 길을 걷게 되는 거예요.

이렇게 중요한 의미가 있는 음식이지만, 정작 음식을 소중하게 여기고 고민해 보는 사람을 찾기는 쉽지 않아요. 음식이 주는 가치보다 속도와 효율이 중요해지면서, 빠르고 저렴하게 식사를 해결하는 문화가 자연스럽게 정착했죠. 그래서 패스트푸드와 배달 음식, 편의점 음식 산업이 급속도로 성장했어요. 여러분도 바쁜 학원 생활을 하다 보면 이런 음식을 이용하지 않을 수가 없죠. 그래서 식사 때문에 많은 시간과 에너지를 쓰는 일을 부정적으로 보기도 해요. 식사의 주목적은 영양 공급이니, 맛 자체를 추구하거나 식품 성분을 따질 필요가 없다고 주장하는 사람까지 있죠. 여러분도 이런 책을 볼 시간에 영어 단어라도 더 외우라는 잔소릴 듣지 않을까 걱정되네요.

또 음식을 별로 중요하지 않게 여기다 보니, 음식을 준비하고 만드는 일도 가치를 인정받지 못해요. 흔히 직장 생활을 하는 여성을 능력 있다고 하는데, 달리 말하면 전업주부는 유능하지 못하다는 뜻이죠. 한 가정의 식사를 책임진다는 것은 대단히 숭고한 일이지만, 경제적으로 도움이 되지 않는다며 가치를 인정받지 못하는 거예요. 남성 전업주부에 대한 인식은 더 안 좋죠. 식당에서 요리사가 남자라고 불편해하는 사람은 없죠? 또 캠핑장에서 고기를 굽는 사람은 거의 남자예요. 하지만 이상하게도 남자가 '전업주부'라고 하면 이해할 수 없다는 반응이 따라오죠. 물론 요즘은 많이 달라졌지만, 전업주부는 직장인보다 능력이 떨어진다는 인식이 여전히 존재하는 것 같아요. 음식을 만드는 일이 어떤 대접을 받는지 잘 보여 주는 현실이죠.

이런 현상은 전문 요리사에 대한 평가 절하로도 이어져요. 사실 요리는 굉장한 수련과 노력이 필요한 기술이라, 뛰어난 요리사는 장인으로 존경받아 왔어요. 그래서 프랑스에서는 리오넬 푸알란이라는 제빵사가 사망했을 때 총리가 직접 애도 성명을 발표하기도 했어요. 하지만 아쉽게도 아직 우리나라에서는 극소수의 스타 요리사를 제외하면, 실력과 기술을 인정받는 요리사는 많지 않아요. 오히려 많은 요리사가 과도한 노동과 낮은 임금에 시달리고 있어요. 새로운 메뉴를 연구하고 개발할 여유가 없는 곳이 대부분이라, 자신을 단순 반복 노동자라 생각하는 요리사도 많다고 해요.

그리고 음식이 상품화되면서, 원가 절감을 위해 아예 요리사를 쓰지 않는 식당도 늘었어요. 공장에서 만들어 냉동한 음식을 데워 내기만 하는 거죠. 이 문제는 이미 우리나라만의 문제가 아니어서, 음식 강국이라는 프랑스에서도 2013년 조사 대상 음식점의 3분의 1이 즉석, 냉동, 가공 식품을 이용해서 논란이 되었다고 해요. 그래서 직접 요리하는 식당만 레스토랑이라는 이름을 쓸 수 있고, 식당에서 직접 재료를 다루어 조리하는 음식에 '페 메종fait maison' 표시를 붙이게 해반 조리된 음식을 사와 마치 그 음식을 만든 것처럼 포장하는 식당과 구별하게 하는 법률을 만들었어요. '페 메종'은 직접 조리했다는 뜻이에요. 획일적인 맛이 패스트푸드 전문점을 넘어 일반 식당으로까지 확대되고 있는 거죠.

이렇게 '효율적인' 방식으로 운영하는 가게가 늘다 보니, 정작 좋은 재료를 고집하는 요리사들은 상당한 어려움을 겪고 있어요. 인터넷에도 원재료가 좋은 음식이 아니라 저렴하고 양 많은 음식이 '착한 음식' 대접을 받죠. 세계적인 스타 요리사 제이미 올리버도 "요리사란 좋은 음식 재료의 중요성을 알리는 사람이어야 한다"라고 했지만, 정작 좋은 재료를 쓰면 오히려 소비자의 외면을 받는 현실 속에서 많은 요리사가 갈등하고 있어요. 또 음식을 창작품이 아닌 상품으로 대하다 보니 참신한 메뉴를 개발해도 순식간에 표절당하는 현실 또한 요리사들의 사기를 꺾어요.

미식가는 어떤 사람인가요?

평균 소득이 늘고 음식에 관한 관심이 늘어나면서, 미식가에 관한 관심도 높아진 듯해요. 그래서 장래 희망으로 미식가를 꼽는 청소년도 제법 있더군요. 하지만 정작 미식가가 어떤 사람인지에 대한 정보는 찾기가 어려워요. 여러분은 '미식가'라고 하면 어떤 모습이 떠오르나요? 엄청나게 많이 먹는 사람을 상상하는 사람도 있고, 레스토랑에서 음식을 트집 잡으며 독설을 퍼붓는 모습을 떠올리는 사람도 있을 거예요. 가장 많이 떠올리는 모습은 황당할 정도로 비싸고 특별한 음식을 즐겨 먹는 사람이겠죠. 그래서 인터넷에서는 "미식가가 되려면 어떻게 해야 하나요?"라는 질문에 "우선 돈이 많아야 합니다"라는 답이 달리곤 하더군요.

실제로 국어사전에서도 미식가를 "음식에 대하여 특별한 기호를 가진 사람. 또는 좋은 음식을 찾아 먹는 것을 즐기는 사람"으로 정의해요. 뭔가 특별한 능력이 있거나 경제적 여유가 있어야만 할 것 같죠. 그래서 미식가는 평범한 사람은 될 수 없는, 일종의 특권층이라는 선입견이 있는 듯해요. 사실 이런 모습은 전통적인 미식가의 모습이기도 해요. 전통 사회에서는 귀족이 아니면 미식은 고사하고, 음식을 배불리 먹을 수조차 없었으니까요.

동서양을 막론하고 평민들은 밥, 감자, 귀리 죽 같은 탄수화물 중심의 단순한 식사로 일할 힘을 얻는 데 급급했어요. 그래서 맛있는 음식은 오랫동안 계급을 과시하는 수단이 되기도 했어요. 유럽에서 향신료 요리가 발달한 이유도 귀족들이 비싼 향신료로 자신의 재력을 과시하기 위해서였어요. 또 배불리 먹는 것이 상류층의 특권이다 보니, 음식을 너무 많이 먹어 문제가 되기도 했죠. 그래서 그리스 철학자 소크라테스는 음식에 대한 집착이 사치와 탐욕을 불러온다고 경고했고, 중세 시대에는 탐식을 인간의 7대 죄악 중 하나로 보기도 했어요.

계급 사회가 무너지고 만인이 평등한 시대가 열렸지만, 미식가에 대한 인식은 그렇게 빨리 바뀌지 않았어요. 옛날 귀족들처럼 비싸고 호화로운 식사를 해야 미식가 대우를 받았죠. 특히 화려하고 탐미적인 프랑스 음식 문화가 미식의 상징이 되다 보니, 사람들은 미식가라고 하면 최고의 요리사, 희귀한 재료, 엄청나게 비싼 음식을 떠올리게 되었어요. 하지만 이렇게 일반 사람들의 현실과 동떨어진 미식 문화는 큰 벽에 부딪히죠. 푸아그라와 송아지 고기로 대표되는 동물 학대 논쟁이에요. 세계 최고 진미라는 음식을 잔인하기 짝이 없는 방식으로 만든다는 사실이 알려지면서, 수많은 사람이 윤리적이지 못한 미식 문화에 분노했어요. 그리고 오직 맛만을 추구하는 미식 문화에 관해 의문을 갖게 되었죠.

이런 시대적 흐름 속에서 슬로푸드 운동의 창시자인 카를로 페트리니가 등장해요. "환경을 생각하지 않는 미식가는 바보일 뿐이다"라는 파격적인 말로 생태 미식학을 제안한 사람이죠. 미식가는 음식이라는 자연이

준 선물에 감사하는 마음을 가져야 하며, 모든 사람이 행복하고 즐겁게 음식을 먹을 권리를 지켜야 한다는 그의 주장은 전 세계 사람들의 공감을 얻었어요. 새로운 미식학의 탄생이라 할 만한 사건이었죠.

이제 미식가는 혼자만의 밥상이 아닌 지구 전체의 밥상을 생각하는 사람이 되었어요. 맛있는 음식을 먹는 데 그치지 않고 이 음식이 지속 가능한지, 음식을 만드는 과정에서 부당한 대우를 받는 사람은 없는지 생각해야 하죠. 생태 미식학의 등장 이후 미식가는 사라져 가는 동식물을 지키는 환경 운동가가 되기도 하고, 아프리카의 노동 착취를 알리는 인권 운동가가 되기도 하죠. 미식가가 할 수 있는 일이 엄청나게 늘어난 거예요!

그래서 이제는 누구나 미식가가 될 수 있어요. 돈이 많거나 미각이 특별히 뛰어나지 않더라도, 오늘 내가 먹는 음식을 소중하게 생각하고 관심을 기울인다면 여러분도 이미 미식가예요. 다만 아직 관련 자격증이나 정식 교육 과정은 없어서, 미식가 자체를 직업으로 하긴 어려워요. 하지만 애정을 갖고 음식을 즐기다 보면 이제까지 몰랐던 수많은 직업을 알게 될 거예요. 흔히 소믈리에라고 부르는 와인 감별사는 여러분도 잘 알고 있죠? 음식에 대한 사람들의 관심이 높아지면서, 채소 감별사나 발효 식품 전문가 같은 다양한 신종 직업이 등장했어요. 또 우리나라에서는 생소한 문화였던 음식 비평도 점점 주목받고 있죠. 음식 비평가가 되고 싶다면 '셰프뉴스(http://chefnews.kr)' 같은 음식 전문 언론이나, 『맛있는 음식글 쓰기』(다이앤 제이콥) 같은 책이 유용할 거예요.

반지의 제왕 원작자인 톨킨은 "좀 더 많은 사람이 금덩어리보다 음식과 활기와 노래를 소중히 여긴다면, 세상은 더 즐거워질 것이다"라고 말했어요. 앞으로 미식가가 해야 할 일을 이보다 더 잘 설명할 수는 없겠죠. 음식을 통해 얻는 행복을 밑천으로, 좀 더 명랑한 세상을 만드는 미식가들이 늘어나길 기대해요.

요리를 꼭 해야 하나요?

앞에서 함께 밥 먹는 일이 중요하다고 했죠. 하지만 언제나 말은 쉽고 현실은 어려운 법이에요. 안 그래도 정신없이 바쁜 삶을 살고 있는데, 뭔가를 또 해야 한다니! 집에서도 쉬지 말라는 잔소리로 들리진 않을까 걱정이 되네요. 요리가 먹고 살려면 어쩔 수 없이 해야 하는 '일'이라면, 당연히 하기 싫겠죠. 게다가 배달 음식과 마트 간편식, 편의점 도시락과 패스트푸드가 즐비하니 더더욱 필요성을 못 느끼겠죠. 사 먹으면 시간도 절약되고, 음식 쓰레기 치울 필요도 없고, 설거지할 필요도 없으니 얼마나 편한가요. 차곡차곡 모은 쿠폰으로 주문하거나 할인 행사를 이용할 때는 알뜰한 소비를 한 자신이 뿌듯해지기도 해요.

하지만 요리가 괴로운 노동이 아니라 즐겁고 행복한 일이라면 어떨까요? 그렇다면 우리는 오히려 요리할 권리를 달라고 주장하게 될 거예요. 이렇게 재미있는 일을 어른들만 하다니! 요즘 요리를 다룬 책이나 텔레비전 프로그램이 인기죠. 직접 요리를 하지는 않지만, 다른 사람이 음식을 만드는 모습을 감상하는 사람도 많아요. 또 인문학적 관점에서 요리를 생각해 보는 시도도 나타나고 있어요. 요리 문화가 인류의 발전에 어떤 역할을 했는지 진지하게 생각하는 거예요. 생활이 편리해졌지만, 음식을 만드는 일이 사라지지 않는 이유는, 그만큼 요리가 매력적이고 중요한 일이기 때문이에요. 그러니 여러분에게는 요리를 해야 한다는 의무감 대신 먼저 요리의 매력을 배우는 시간이 필요해요.

저는 대학에 입학해 자취를 시작하면서 제대로 된 요리를 처음 시작했어요. 물론 처음에는 학생 식당을 이용했지만 우리 학교 식당은 맛이 없기로 악명 높았어요. 그래서 도시락집과 인스턴트 음식으로 바꿔봤지만, 이번에는 건강이 나빠졌죠. 식비 부담도 만만치 않았고요. 그래서 생존과 생계를 위한 어쩔 수 없는 선택으로 요리를 시작하게 되었어요. 하지만 시간이 지날수록 요리가 재미있어지고, 정신을 차려보니 어느새 요리책 수집가가 되었죠. 또 요리를 즐기다 보니 자연히 사람들을 불러 모을 구실을 찾게 됐죠. 다양한 메뉴에 도전하려면 먹어 줄 사람이 필요하니까요. 그래서 학창시절 사교성 부족으로 부모님과 선생님의 걱정을 한몸에 받았던 제가 나름 인기인이 되었어요. 제게 있어 요리는 건강을 지키는 생존 기술인 동시에, 다른 사람과 관계하고 마음을 표현하는 도구였던 거예요.

또 마음껏 몰입하고 창의력을 발휘할 수 있다는 점도 요리의 중요한 매력이에요. 사실 요리는 상당한 체력을 요구해서, 전문 요리사의 생활은 절대로 만만하지 않아요. 하지만 지금도 많은 사람이 요리에 대해 꿈과 열정을 불태우고 있어요. 요리사인 제이미 올리버가 마당에서 허브를 대충 뜯어서 넣는 모습을 보고, '세상에 내 마음대로 해도 되는 일이 있구나'라는 해방감을 느끼고 요리사가 되기로 한 사람도 있죠. 요리할 때만큼은 불우한 환경을 잊을 수 있어서 요리사가 되거나, 힘든 일이 있으면 요리를 하면서 스트레스를 푸는 사람도 있어요. 이렇게 어떤 일에 몰입해서 창의력을 발휘하는 일은 누구도 빼앗지 못하는 행복을 선사해요.

안타까운 일이지만 요즘엔 마음껏 도전하고 실패해도 괜찮은 일이 별로 없는 것 같아요. 반드시 성공해야 한다는 부담 때문에 사람들의 삶에서 여유가 사라지고 있죠. 하지만 요리는 그렇지 않아요. 자기 마음대로 했다가 실패작이 나오면, 다음에 또 만들면 되니까요. 미국에 프랑스 요리 붐을 일으킨 줄리아 차일드는 이런 말을 했어요.

"우리를 가로막는 유일한 장애물은 실패에 대한 두려움이다. 요리할 때는 '아무렴 어때'라는 태도를 가져야 한다."

실패해도 괜찮다니, 요리는 정말 멋진 일이지 않나요?

2부

세상에서 가장 맛있는 공부

01

음식 공부는 왜 필요할까요?

나를 사랑하고 지키는 음식 공부

음식 공부의 목적을 한마디로 요약한다면 나 자신을 사랑하기 위함이에요. 정말로 사랑하는 사람에게 선물을 줄 때는 아무거나 막 고르지 않죠? 원산지는 어디인지, 품질은 괜찮은지, 받는 사람에게 도움이 될지 꼼꼼하게 따지겠죠. 또 광고에 속아 형편없는 물건을 비싸게 사는 일이 없도록 정보도 모으고요. 음식은 매일 자신에게 주는 선물이에요. 그런 선물이 오히려 내 건강을 해치거나 형편없는 물건이라면 정말 화나겠지만, 사실 이런 일은 우리 주위에서 아주 흔하게 볼 수 있어요. 광고는 많지만 정확한 정보는 얻기 어렵고, 그래서 품질에 비해 너무 비싼 음식을 먹거나, 근거 없는 효능 때문에 엄청난 돈을 내곤 해요. 그런 점에서 음식 공부는 나를 사랑하는 길인 동시에, 내 행복을 지키는 일이기도 합니다.

한때 초콜릿 다이어트가 큰 화제가 된 적이 있어요. 맛은 있지만 살찌는 음식의 대표 주자인 초콜릿이 다이어트에 도움이 된다니! 너무나 환상적인 이야기라 믿기지 않죠. 결정적인 근거는 미국에서 발표된 한 논문이었어요. 생쥐에게 매일 다크 초콜릿을 50그램씩 줬더니, 유산소 운동을 30분 한 효과가 나타났다는 거죠! 수많은 사람의 꿈인 먹으면서 다이어트하는 시대가 드디어 온 걸까요?

그런데 우리나라 기사에는 이렇게 간단하게 정리했지만, 논문 내용은 조금 복잡해요. 한쪽 생쥐 집단은 다크 초콜릿에 들어 있는 에피카테킨을 먹이고, 다른 집단은 30분씩 러닝머신을 달리게 했는데, 미토콘드리아 양이 비슷했다는 거예요. 미토콘드리아가 많으면 근육이 잘 생성돼 살이 잘 빠져요. 그러니 이제 다크 초콜릿을 먹으면 똑같은 운동 효과를 볼 수 있다고 해요. 무슨 말인지는 잘 모르겠지만 어쨌든 실험으로 증명됐다고 하니 믿음이 가죠? 그런데 정말로 그럴까요?

기사에 나오는 논문을 찾아보면 생쥐에게 체중 1킬로그램당 에피카테킨 1밀리그램을 먹였고, 에피카테킨을 먹은 그룹은 실제로 미토콘드리아도 늘어나고 운동 능력이 향상했으며, 특히 운동도 병행한

다양한 초콜릿.

그룹은 효과가 엄청나게 늘어났다고 해요. 그래서 에피카테킨의 효과에 대한 추가 연구가 필요하다는 결론을 냈죠. 다크 초콜릿이 유산소 운동을 대체할 수 있다는 말은 어디에도 없어요. 그런데 어찌 된 일인지, 우리나라 기사에서는 "매일 다크 초콜릿 50그램만 먹으면 운동할 필요 없다"는 내용으로 바뀌고 말았어요. 정작 논문을 쓴 웨인주립대학교 모 말렉 교수는 인터뷰에서 "운동 효율을 높일 목적으로 하루에 5그램 섭취를 권하며, 그 이상 먹는 건 효과가 떨어지거나 아예 없을 수도 있다"고 말했는데 말이죠.

이 사건은 우리가 음식을 공부해야 하는 중요한 이유를 말해 줘요.

음식 문화는 점점 더 혼란스러워지는데, 건강하고 행복한 삶으로 가는 확실한 길을 알려 주는 사람은 거의 없어요. 대신 충분히 검증되지도 않은, "운동하지 않고도 살이 빠진다" 같은 자극적인 제목의 기사가 난무하죠. 여러분 주위에도 음식 때문에 고민하는 사람이 많죠? 좋은 음식과 올바른 식생활에 대한 정보는 넘치지만, 비만 인구는 줄지 않아요. 적게 먹어야 건강해진다고 해서 하루에 한 끼만 먹었더니, 갑자기 과체중인 사람이 제일 오래 산다는 연구 결과가 나왔다는 소식을 듣게 되죠. 최근에는 고지방 저탄수화물 다이어트가 비만을 해결할 만능열쇠로 주목받았지만 얼마 지나지 않아 5개 의사협회에서 건강에 해로우니 하지 말라는 권고를 발표했어요. 마치 '정보는 다 알려 줬으니 알아서 선택해라, 건강이 안 좋아지면 다 네 책임이다'라고 말하는 것 같아요.

좋은 식생활을 위한 나침반

지금 시대에 혼자 힘으로 좋은 식생활을 한다는 건 절대 쉬운 일이 아니에요. 음식이 상품이 되면서 많은 변화가 일어났다는 이야기를 했었죠. 이 변화 속도가 너무 빨라서 정신을 차리기가 힘들 정도예요. 같은 주제에 대해 전문가들조차 의견이 분분하니, 일반인인 우리는 혼란스러울 수밖에 없죠. 당연히 음식 때문에 스트레스를 받거나 불안해하는 사람이 늘어나고요. 대단히 안타까운 일이지만, 지금 우리의 밥상을 이야기할 때 빼놓을 수 없는 주제가 바로 불안이에요. 텔레비전을 틀면 우리가 먹는 음식이 위험하다고 말하는 프로그램이 눈에 들어오죠. 서점에는 "당신의 뇌를 파괴하는 음식", "○○은 독이다", "소리 없이 당신을 죽이는 음식" 같은 무시무시한 제목의 책이 가득해요.

물론 정말로 건강을 해치기 때문에 그냥 넘어가서는 안 되는 문제도 많아요. 하지만 여러분의 건강이나 행복은 무시한 채, 다른 목적으로 음식 불안을 이용하는 사람들이 있어요. '○○ 무첨가' 같은 표현을 들어 본 적 있죠? 이런 말을 들으면 무첨가가 아닌 제품은 굉장히 위험하게 느껴지지 않나요? 그런데 제품 성분표를 자세히 읽어보면 이름은 다르지만 성분은 거의 비슷한 재료가 들어가곤 해요. 아무런 의미도 없는 일인 거죠. 하지만 이런 식으로 불안을 조장하면 제품 판매가 크게 는다고 해요. 그리고 오랜 논란 끝에 유해하지 않다는 연구 결과가 나오면, 다른 성분으로 또 같은 일이 벌어지죠.

이렇게 세상에 위험한 음식이 가득하다고 하니, 음식의 맛과 품질에 관한 이야기보다 몸에 좋은가 나쁜가라는 이야기가 훨씬 많죠. 그래서 식당에 가 보면 "○○의 효능"이라는 글을 쉽게 볼 수 있어요. 한국인은 식당에서 『동의보감』을 배운다는 농담이 있을 정도예요. 가는 곳마다 몸에 좋고, 다이어트에 도움이 되고, 면역력도 개선하는 재료로 만들었다고 하니 우리는 도대체 왜 아픈 건지 궁금할 지경이

『동의보감』. 조선 시대 의관인 허준이 선조의 명에 따라 편찬한 의서. 1596년에 우리나라와 중국의 의서를 모아 엮어 1610년에 완성하였다. 2009년 유네스코 세계 기록 유산으로 지정되었다.

에요. 또 음식에는 유독 이상한 속설이 많아요. 오리 기름은 수용성이라 몸에 좋다거나 삼겹살은 기도를 씻어 주기 때문에 황사에 좋다는 식이에요. 조금만 생각해 보면 기름이 물에 녹을 리가 없고, 기도에 공기 이외의 물질이 들어가면 숨이 막혀 죽을지도 모르는데 말이죠. 가장 안전해야 할 우리의 식생활에 이렇게 황당한 이야기가 많다는 건, 그만큼 사람들이 불안해한다는 증거이기도 해요.

이렇게 어지러운 세상에서 길을 잃지 않으려면 나침반이 필요해요. 항상 같은 방향을 가리키고 있어 어디로 가야 할지 알려 주니까요. 물론 때로는 길을 잃기도 할 거예요. 하지만 길을 잃을 때마다 꺼내 보는 나침반처럼, 확실한 기준이 있다면 언제든 다시 길을 걸어갈 수 있죠. 음식 공부는 이런 나침반을 만드는 일이에요. 조금 귀찮고 번거로울지도 모르지만, 훨씬 더 안전하고 즐겁게 모험을 떠날 수 있겠죠. 자, 그럼 지금부터 우리의 길을 안내해 줄 좋은 식생활을 위한 나침반을 만들어 볼까요?

02

알면 알수록 맛있어지는 세상

도대체 맛이란 무엇일까요?

자, 그럼 이제 본격적으로 맛에 관해 이야기해 볼까요. 우리는 하루에도 여러 번 '맛'이란 말을 쓰지만, 맛이 과연 무엇인지 진지하게 고민하지는 않는 것 같아요. 음식 맛이 어떠냐고 물어보면 "맛있다", "맛없다"는 두 가지 대답이 대부분이죠. 맛집 소개 블로그를 봐도 가게 소개는 길지만 정작 맛에 관한 내용은 짧게 끝날 때가 많아요. 하지만 맛의 세계는 대단히 넓고 심오하며, 또 그만큼 매혹적이죠. 알면 알수록 더 맛있는 세상을 만날 수 있어요.

기본적으로 맛은 혀와 코가 느끼는 감각의 합작품이에요. 1부에서 음식의 향이 중요하다고 했었죠? 흔히 맛은 혀가 느낀다고 생각하지만, 사실 코도 혀 못지않게 중요한 역할을 해요. 인간과 동물은 낯선 음식을 접하면 반드시 먼저 냄새를 맡아요. 향을 통해 먹어도 되는지를 결정한 다음 맛을 보는 거죠. 음식의 고상한 맛을 뜻하는 풍미風味라는 단어만 봐도 맛보다 바람을 뜻하는 말이 앞에 나올 정도로, 향은 음식의 첫인상을 결정하는 요소예요. 그래서 같은 재료를 써도 향신료만 바꾸면 완전히 다른 음식처럼 느껴져요. 패스트푸드점에서 꾸준히 신메뉴를 내놓는 비결도 바로 여기에 있죠. 또 미국의 한 유명 요리사는 혀암에 걸렸지만, 오로지 향의 배합만으로 최고 수준의 요리를 만든다고 해요. 향은 이 정도로 맛에 있어 중요한 역할을 하죠.

그렇다면 혀가 느끼는 맛은 어떨까요? 혀를 자세히 살펴보면 수많은 돌기가 있어요. 이 돌기에는 미뢰맛봉오리라고 하는 맛을 느끼는 세포가 있죠. 침이 우리가 씹은 음식물을 분해하면, 미뢰가 이를 감지해 뇌에 정보를 전달해요. 뇌는 들어오는 정보를 분석해 맛을 알아내죠. 이 미뢰는 어릴 때 가장 많고 나이가 들면 서서히 줄어들어요. 어릴 때는 누구나 미식가인 셈이죠! 그래서 미식가나 유명 요리사 중에는 좋은 음식 재료가 풍부한 지역에서 자란 사람이 많아요. 다양하고 균형 잡힌 맛을 통해 미각이 잘 발달한 거죠. 그리고 신기하게도 미뢰는 목구멍 안쪽에도 조금 있어서, 음식의 모양도 맛에 영향을 준다고 해요. 똑같이 밀가루로 만들어도 수제비와 국수가 완전히 다른 느낌인 이유를 알겠죠?

과학자들의 연구에 따르면 우리의 혀는 다섯 가지 기본 맛을 감지한다고 해요. 바로 짠맛, 단맛, 쓴맛, 신맛, 감칠맛이죠.

짠맛은 가장 중요한 맛이라고 할 수 있어요. 첨단 과학과 요리를 접목해 요리계의 스티브 잡스라는 별명을 얻은 스페인의 요리사 페란 아드리아는 "요리의 맛을 바꾸는 유일한 재료는 분자 요리가 아니라 소금이다"라는 의외의 말을 했어요. 수천만 원이 넘는 실험 장비로 음식을 만드는 사람이 제일 중요하게 생각하는 재료가 소금이라니? 또 세상의 빛과 소금이 되라는 유명한 말도 들어봤을 거예요. 소금이 빛과 동급이라니 조금 이상하지 않나요?

소금이 이렇게 중요한 대접을 받는 이유는, 짠맛을 내는 성분인 나트륨이 우리 몸에 꼭 필요한 미네랄이기 때문이에요. 그래서 "음식이 맛이 없다면 소금이 부족한 것이다"는 말이 있을 정도로 인간은 본능적으로 짠맛을 좋아하죠. 또 짠맛은 다른 맛이나 향을 강조하는 역할도 해요. 우리 뇌는 짠맛을 가장 먼저 인식하기 때문에, 뒤에 오는 맛이 상대적으로 강하게 느껴지죠. 특히 단맛과의 조합이 좋아서 일본에서는 수박에 설탕 대신 소금을 뿌려 먹기도 해요. 케이크처럼 단맛이 굉장히 강한 음식에도 소금이 조금씩 들어가고요. 사실 우리가 먹는 거의 모든 음식에 소금이 들어 있다고 해도 과언이 아니에요. 그리고 쓴맛은 예외라서, 짠맛을 더하면 쓴맛은 오히려 순해져요. 그래서 쓴맛이 나는 채소는 소금을 쳐서 먹었는데, 이게 바로 샐러드예요. 샐러드Salad라는 말 자체가 '소금'을 의미하는 라틴어 'Sal'에서 유래했어요. 소금이 왜 이렇게 귀한 대접을 받는지 알만 하죠?

단맛도 인간이 본능적으로 좋아하는 맛이에요. 단맛의 근원인 당분이 우리가 움직이는 데 필요한 에너지를 제공하기 때문이죠. 매일 엄청나게 걷고, 사냥하고, 달려야 했던 원시 시대에는 많은 당분이 필요했고 그래서 인류는 단 음식을 선호하게 되었어요. 활동량이 많고 몸이 빠르게 성장하는 아이들은 특히 단맛을 더 좋아하죠. 여러분이 단 음식이 마구 당기는 것도 생존을 위한 자연스러운 반응인 거예요! 어른들 중에서 이상하게 단맛을 싫어하는 분이 많죠? 나이가 들면 활동량이 줄고 성장할 필요도 없으니 단맛을 별로 좋아하지 않게 돼요. 단맛을 느끼는 미뢰도 줄어들고요.

요리에서는 주로 설탕이 단맛을 책임지죠. 설탕을 적당히 넣으면 신맛과 쓴맛이 누그러지는 효과가 있어요. 대표적인 음식은 초콜릿이죠. 카카오 함량이 99퍼센트인 초콜릿은 먹기가 힘들 정도로 쓰죠? 여기에 설탕을 넣으면 쓴맛과 단맛이 조화를 이루어 우리가 좋아하는 초콜릿 맛이 완성돼요. 또 빼놓을 수 없는 단맛의 효과는, 바로 기분이 좋아진다는 거예요. 당분이 들어오면 행복을 느끼게 하는 호르몬이 나와요. 피곤하거나 우울하면 갑자기 단 음식이 생각나죠? 빨리 당분을 섭취해 행복 호르몬을 보충하려는 우리 몸의 본능적 반응이에요.

짠맛을 더해 쓴맛을 순하게 한 샐러드.

신맛은 짠맛이나 단맛과 달리, 어린아이들은 좋아하지 않죠. 신맛이 나는 음식은 상했을지도 모르기 때문이에요. 음식이 상하면 산도가 올라가 시큼한 향과 맛이 나요. 인간은 신맛을 느낄 수 있어서 이렇게 상한 음식을 멀리하죠. 하지만 신맛의 매력은 일단 즐기는 법을 배우면 맛의 세계가 훨씬 풍요로워진다는 데 있어요. 찌개가 너무 짤 때 식초를 넣으면 짠맛이 한층 줄어들어 맛있어지죠. 또 김치나 젓갈 같은 발효 식품도 신맛이 나죠. 나쁜 균이 번식하면 음식이 상하지만, 좋은 균이 번식하면 발효가 일어나 깊이 있는 맛을 즐길 수 있어요. 서양 음식 문화의 필수품인 포도주를 평가할 때도 산도, 즉 신맛을 중요하게 봅니다.

요리에서는 대체로 식초를 이용해 신맛을 조절해요. 들어가는 양은 적지만 자칫 밋밋할 수 있는 음식의 맛에 깊이를 더해 주기 때문에, 발사믹 식초처럼 유명한 제품은 상당히 귀한 대접을 받아요. 최고로 치는 25년 숙성한 발사믹 식초는 수십만 원을 호가하죠. 신맛은 식욕을 돋우는 효과가 있어서, 주요리 이전에 나오는 전채 요리는 대부분 신맛이 들어가 있어요.

쓴맛을 좋아하는 사람은 거의 없겠죠? 아이들이 채소를 싫어하는 건 본능이에요. 많은 독성 물질이 쓴맛이 나기 때문이죠. '이걸 먹으면 죽을지도 모른다'라고 알려 주는 맛이니, 좋아할 수가 없죠. 그래서 쓴맛도 신맛처럼 즐기는 법을 배워야 하는 어른의 맛이에요. 불쾌한 맛을 즐긴다니 이해가 안 될지도 모르지만, 뜻밖에 인기가 굉장한 쓴맛 음식이 있어요. 바로 커피와 녹차예요. 쓴맛은 기본적으로 거부감을 주는 데다 맛이 사라질 때까지 오래 걸리지만, 적은 양을 잘 조합하면 다른 맛을 강조하는 효과가 있어 매혹적인 음식을 만들어 내죠. 커피는 쓴맛, 신맛, 단맛의 균형으로, 녹차는 쓴맛과 감칠맛의 조화를 통해 전 세계 사람의 마음을 사로잡았어요.

"몸에 좋은 약은 입에 쓰다."는 말이 있죠? 쓴맛은 독이 있다는 뜻이기도 하지만, 안전하다고 증명된 쓴맛은 사람을 살리는 약으로 대접받았어요. 초콜릿과 커피는 처음엔 신비한 약효가 있는 음료로 알려졌죠. 이렇게 쓴맛에는 우리 조상들이 오랜 경험으로 알아낸 지혜가 담겼어요.

감칠맛은 가장 나중에 추가된 맛이에요. 서양 음식 문화는 앞에서 말한 네 가지 맛을 기본으로 해서 동양 음식 문화에서 중요하게 생각하는 감칠맛을 인정하지 않았죠. 하지만 일본의 이케다 기쿠나에 박사가 다시마 육수의 독특한 맛에 주목했고, 1907년 글루탐산이라는 성분이 감칠맛의 원인임을 알아냈어요. 연구가 거듭되면서 이런 감칠맛 성분을 느끼는 신경이 발견되고, 네 가지 기본 맛을 조합해도 감칠맛이 나오지 않는다는 사실 때문에 결국 기본 맛으로 인정받게 되었죠.

감칠맛은 '음식이 입에 당기게 하는 맛'이라 정의되는, 한마디로 '맛있다'는 탄성을 자아내는 맛이에요. 그 자체로도 맛있지만, 재료에 숨겨진 다른 맛을 끌어내는 역할도 하죠. 그래서 감칠맛이 풍부한 음식은 특히 인기가 많아요. 감칠맛을 내는 성분에는 다시마와 쇠고기의 글루탐산 외에도 멸치의 이노신산, 표고버섯의 구아닐산 등이 있어요. 모두 '산'으로 끝난다는 공통점이 있죠? 이들은 모두 단백질의 구성 성분인 아미노산에 속해요. 그래서 감칠맛이 풍부하다는 건, 그만큼 단백질이 많다는 뜻이죠. 특히 필수 아미노산은 우리 몸에서 합성되지 않아서 반드시 음식으로 섭취해야 해요. 우리가 감칠맛이 나는 음식을 선호하는 이유는 살기 위해서인 거죠. 그래서 태어나 제일 처음 먹는 음식인 모유에도 감칠맛이 가득하지요.

"육수를 잘 내야 음식이 맛있다"라는 말이 있죠. 육수를 낸다는 건 곧 물에 감칠맛 성분을 녹이는 작업이에요. 그래서 다시마, 멸치, 표고버섯이 대표적인 육수 재료죠. 이렇게 감칠맛이 잘 우러나와 다른 맛과 조화를 이루면 '깊은 맛'이 난다는 평을 듣게 돼요. 요리 잘한다는 말을 듣는 사람들은 대부분 감칠맛을 잘 이해하고 활용해요. 멸치 다시마 추출물이나 가다랑어 육수가 들어간 간장, 쇠고기 분말이나 표고버섯 가루 등을 적절히 넣는 거죠. 서양에서는 쇠고기나 닭고기를 끓여서 만드는 스톡으로 감칠맛을 내고, 이탈리아는 특히 감칠맛이 풍부한 토마토와 치즈를 즐겨 사용해요.

이렇게 다섯 가지 기본 맛을 이해하면 내가 맛있다고 느끼는 음식이 왜 맛있는지 알게 돼요. '내가 아포가토(아이스크림에 커피를 붓는 메뉴죠)를 좋아하는 이유는 단맛과 쓴맛이 조화를 이루어서였구나', '요즘 떡볶이를 많이 먹는 건 스트레스 때문에 단맛과 매운맛이 필요했던 거야'라는 식으로요. 자기가 무엇을 왜 좋아하는지 아는 건 행복에 큰 도움이 되죠. 또 칭찬은 구체적일수록 듣는 사람을 행복하게 해요. 그러니 그냥 맛있다는 말로 끝내는 대신, 다양한 맛이 어떻게 조화를 이루는지 말해 주면 요리하는 사람도 신이 나서 음식할 맛이 나겠죠. 이거야말로 진정한 상부상조가 아닐까요?

미각 장애와 음식 중독

요즘 미각 장애와 음식 중독이라는 말이 심심치 않게 들리곤 해요. 행복이 가득해야 할 음식 문화에는 어울리지 않지만, 실제로 많은 사람이 고통받는 문제니 그냥 넘어갈 순 없겠죠. 혀는 우리 몸의 경비병이란 말이 있어요. 경비병이 열심히 근무를 서야 몸의 건강을 지킬 수 있죠. 하지만 음식을 둘러싼 환경이 너무 빨리 변해서 경비병이 정신을 못 차릴 지경이에요. 음식 중독에는 어떤 종류가 있고, 미각 장애는 왜 생기는 걸까요?

설탕, 소금, 지방 복합물 중독

단맛은 기분을 좋게 만든다고 했죠? 우리 뇌의 보상 중추라는 곳을 자극하기 때문이에요. 여기에 소금을 추가하면 대비 효과 때문에 단맛이 훨씬 강해져요. 물론 짠맛 자체도 우리의 본능을 자극하는 매력적인 맛이죠. 여기에 지방을 섞으면 많이 씹지 않아도 음식이 부드럽게 넘어가요. '먹으면 기분이 좋아지는, 입에서 살살 녹는 음식'이 완성되는 거죠! 맛은 있는데 건강에 안 좋다는 음식에는 대부분 이 세 가지 재료가 듬뿍 들어가요. 도넛, 치킨, 프렌치프라이, 라면 같은 튀긴 음식이나 인스턴트 음식이 왜 인기 있는지 알겠죠? 『과식의 종말』(데이비드 A. 케슬러)이라는 책에 따르면 실험실에서 쥐에게 설탕, 소금, 지방 복합물을 줬더니, 바닥에 전기가 흘러도 먹으러 가는 집착을 보였다고 해요.

이 복합물은 열량은 높고 다른 영양소는 부족해 비만의 주범으로 지목되지만, 이렇게 강력한 중독성 때문에 식품 업체들의 주력 상품으로 자리 잡았죠. 이런 음식은 의지력만으로 절제하기가 대단히 어려워요. 그래서 저자인 데이비드 케슬러 박사는 사회적 인식 자체를 바꿔야 한다고 말해요. 한때는 멋과 낭만의 상징이었던 담배가 폐암을 일으키는 유독물질로 추락했듯이, 중독을 유발하는 음식 역시 맛의 상징이 아닌 혐오물질로 취급해야 한다는 말이죠.

감칠맛 중독

넣자니 꺼림칙하고, 안 넣으면 맛이 없고……. MSG로 대표되는 감칠맛 조미료는 한국인에게 애증의 대상이에요. MSG는 사탕수수 부산물인 당밀을 발효해 글루탐산을 만든 다음 물에 잘 녹도록 나트륨을 결합해 만들어요. 그 자체가 유해한 성분은 아니죠. 감칠맛 조미료의 진짜 문제는 감칠맛을 지나치게 많이 낸다는 점이에요. 육수 재료를 많이 넣지 않고도 감칠맛을 내니, 가격 경쟁력이 중요한 요식업계에서는 유혹을 느낄 수밖에 없죠. 그래서 우리가 먹는 음식, 특히 외식 메뉴는 감칠맛이 점점 더 강해져요. 이렇게 맛이 너무 강한 음식을 자주 먹으면 미각이 무뎌지고 먹는 양도 늘어나요. 미각 검사에서 감칠맛에 둔감하다고 나온 사람은 비만 확률이 높다고 해요.

제일제당의 국자표 '미풍' 조미료 광고 간판(1970년).

매운맛 중독

기본 맛 목록에 매운맛이 없는 게 이상하지 않았나요? 한국 음식의 대표 주자가 김치와 고추장일 정도로, 한국인의 매운 음식 사랑은 특별하죠. 한국에 와서 매운 음식을 먹고 기겁하는 외국인도 많죠. '맛있게 맵다'라는 독특한 표현도 있지만, 매운맛은 맛이 아니라 통증이에요. 미뢰가 느끼는 맛이 아니라 입안을 찌르는 고통스러운 감각인 거죠. 그래서 대부분의 동물은 고추를 먹지 않지만, 매운맛을 못 느끼는 새들은 예외라고 해요. 덕분에 새들이 아주 먼 곳까지 씨를 뿌려 주죠.

우리 몸은 고통을 느끼면 이를 없애려 엔도르핀을 분비해요. 그래서 매운 음식을 먹으면 순간적으로 스트레스가 풀리고 기분이 좋아지죠. 엄청

매운 음식을 먹고 '시원하다'라고 말하는 사람이 많죠? 하지만 자극을 계속 받으면 우리 몸이 거기에 적응해서, 같은 효과를 보려면 더 강한 자극을 받아야 해요. 그래서 점점 더 매운 음식을 자주 찾게 되고, 결국 혀와 위장이 과도한 통증을 느끼게 되죠. 또 매운맛은 미각을 둔하게 해 다른 맛을 잘 못 느끼게 해요. 그래서 매운 음식은 대부분 단맛과 짠맛 같은 다른 맛도 상당히 강하죠. 기본 맛이 주는 쾌감에 통증을 줄이는 엔도르핀까지 나오니 당연히 중독성이 높아요. 롤러코스터는 가끔 타야 스트레스가 풀리듯, 매운 음식도 특별할 때 한 번씩 먹어 기분 전환하는 용도로 사용하는 게 좋아요.

카페인 중독

카페인이 많은 에너지 음료 시장이 폭발적으로 성장했어요. '에너지'라는 이름 때문에 마시면 힘이 나고 피로도 사라질 것 같아서, 직장인과 수험생들이 애용하죠. 실제로 카페인은 적당히 마시면 이런 효과를 발휘해요. 옛날 에티오피아에서 한 목동이 기르던 염소가 어떤 열매를 먹자 마구 날뛰었다고 해요. 목동이 먹어 보니 머리가 맑아지는 기분이 들었고, 그래서 정신 수행을 도와주는 신비의 열매로 알려지게 되었는데, 이 열매가 바로 커피예요. 커피에 든 카페인이 중추 신경을 자극해서 각성 효과를 내는 거죠. 하지만 카페인의 진짜 효과는 피로가 사라지는 게 아니라, 뇌가 스트레스를 받아 민감해지는 거예요. 나중에는 더 피곤하게 되는데, 이 피로를 다시 카페인으로 해결하는 습관이 바로 중독의 시작이에요. 특히 청소년은 카페인에 더 민감해서, 미국 일부 주에서는 18세 미만에게 에너지 음료 판매를 금지하고 있어요.

지금까지 알아본 음식 중독에는 비슷한 특징이 있죠. 먹으면 기분이 좋아지지만, 점점 더 강한 자극을 원하게 돼요. 그래서 현대 음식 산업은 전통적인 방법으로는 낼 수 없는 수준의 맛을 위해 새로운 방법을 동원하고 있어요. 음료에는 단맛의 결정체인 액상 과당을 넣고, 고추 대신 고추에서 추출한 캡사이신 원액을 넣어 혀가 얼얼해지는 매운 음식을 만드는 식이에요. 미각 장애가 늘어나는 이유도 이렇게 자연적인 수준을 넘어서는 맛이 너무 많기 때문이죠. 그래서 소중한 미각을 보호하고 중독에 빠지지 않으려면 심심한 맛을 즐기는 훈련이 필요해요.

시끄러운 도시에서 살다 숲에 들어가면 처음에는 심심하지만, 그 심심함에 익숙해지면 작은 새소리와 바람 소리를 듣게 되죠. 맛의 세계도 마찬가지여서, 자극적이지 않은 자연 재료 중심의 식사는 처음에는 무미건조하게 다가와요. 하지만 시간이 지나면 섬세한 맛의 조화 속에서 더 큰 만족을 느끼게 될 거예요.

포장지를 버리지 마세요

맛에 대한 이야기는 여기까지 하고, 지금부터는 더욱 현실적인 내용을 알아보기로 해요. 좋은 음식에 대한 말은 많이 들어 봤죠? 하지만 우리가 실제로 먹는 음식을 분석하고 알아보는 시간은 별로 없었을 거예요. 현실을 바꾸는 일은 현실을 제대로 아는 데서 출발해요. 그리고 매일 접하는 음식이야말로 최고의 교육 자료고, 음식 재료의 성분 정보가 쓰여 있는 포장지는 최고의 교과서예요.

하지만 포장지 뒷면을 들여다보면 한숨이 나오죠? 글자도 작고 말도 어려워 눈과 머리가 모두 아파요. 그래서 많은 사람이 포장지 뒷면을 읽는 대신 제품 이름과 가격만 보고 음식을 사죠. 좋은 재료로 만들어도 가격이 비싸 외면받기도 해요.

소비자가 정확한 정보를 알지 못해서 생기는 문제가 많아요. 믿고 찾는 우리 쌀이라 광고해서 샀는데 알고 보니 중국산 쌀 95퍼센트에 국산 쌀은 겨우 5퍼센트 들었다거나, 고향의 맛이 난다고 광고하는 된장이 실은 미국산 콩으로 만들었다는 식이죠. 그래서 포장지를 꼼꼼히 공부하는 일은 음식 사기를 피하는 방법이기도 해요. 사실 우리가 이렇게 음식 성분이 자세하게 표기된 포장지를 볼 수 있는 건, 소비자의 알 권리를 위해 애쓴 수많은 사람의 노력 덕분이에요. 이렇게 값진 정보를 그냥 버리는 건 너무 아까운 일이겠죠? 그러니 먼저 첨가물 표시부터 알아보기로 해요.

현재 우리나라에서 사용하는 식품 첨가물은 400개가 넘어요. 그래서 전공자가 아닌 이상 첨가물을 완벽하게 이해하는 건 대단히 어렵고, 그럴 필요도 없어요. 저도 첨가물 표시를 해석하기가 귀찮아 가공 식품을 잘 안 먹게 될 정도였죠. 그러니 일단 좋은 음식을 구분하는 기본 원칙을 알아보기로 해요.

식품 재료는 많이 넣은 순서대로 표시해요. 그래서 앞부분에는 밀가루, 돼지고기, 닭고기, 정제수물 같은 주원료와 함량이 크게 나오죠. 여기서는 주재료의 원산지를 확인할 수 있어요. 마트에 가면 같은 두부인데 저렴한 제품과 비싼 제품이 있죠? 저렴한 제품은 대두외국산, 비싼 제품은 대두국산이라고 쓰여 있을 거예요. 참고로 배달 치킨 포장지에도 원산지 표시가 있어서 내가 먹는 닭이 국산인지 외국산인지 알 수 있어요. 문제는 그다음부터죠. 화학 교과서를 보는 듯한 성분 표기에 음식 공부 의욕이 뚝 떨어지니까요. 하지만 너무 겁먹지 마세요! 간단한 방법을 알려 줄 테니까요.

우선 성분 표시의 전체 길이를 확인해 보세요. 표시가 길고 어려울수록 가공이 많이 됐다는 뜻이죠. 주원료 외에 들어가는 재료는 특정한 목적이 있어요. 감미료는 단맛을 내고 방부제와 산화 방지제는 유통 기한을 늘리죠. 화학조미료는 감칠맛을 더하고, 착색제와 발색제는 음식에 색깔을 입혀 먹음직스럽게 보이게 해요. 그러니 성분 표시가 짧을수록 자연 상태에 가까운 맛을 느낄 수 있어요. 물론 지금은 원시 시대가 아니니 식품 첨가물의 덕을 보지 않을 순 없어요. 하지만 오랫동안 보관할 음식이 아니라면, 굳이 방부제나 산화 방지제가 들어간 제품을 고를 이유가 없겠죠? 또 가공이 덜 된 음식은 그만큼 좋은 원재료를 써야 해요. 첨가물로 다른 맛이나 향을 더할 수가 없으니까요.

요즘 카페나 빵집에 가 보면 "저희는 동물성 생크림만 씁니다"라는 안내가 눈에 띄곤 해요. 생크림은 우유로 만드는데 '동물성 생크림'이라니, 그럼 식물성 생크림도 있다는 말일까요? 동물성보다는 식물성이 더 몸에 좋을 텐데 왜 자랑스럽게 써 붙여 놓은 걸까요? 마트에서 두 제품의 성분 표시를 비교해 보면 그 이유를 알 수 있어요.

생크림	식물성 크림
유크림 100퍼센트 (국산/우유)	정제수, 경화팜핵유, 설탕, D-소르비톨시럽, 카르복시메틸셀룰로오스나트륨, 히드록시프로필메틸셀룰로오스, 카라기난(합성착색료), 구아검(대두), 소르비탄지방산에스테르, 대두레시틴, 폴리소르베이트60, 글리세린디아세틸주석산지방산에스테르, 합성착향료, 제이인산나트륨, 구연산나트륨, 정제소금, 베타카로틴(합성착색료)

어때요? 제품 이름은 비슷하지만, 성분은 완전히 다르죠? 식물성 크림에는 처음 들어 보는 성분이 가득할 거예요. 원래 생크림은 원심 분리기로 우유에서 지방 성분을 분리해 만들죠. 그래서 동물성 생크림에는 국산 우유에서 뽑아낸 유크림 100퍼센트라고 적혀 있죠. 그런데 생크림은 유통 기한이 짧고 모양이 잘 유지되지 않는다는 단점

이 있어요. 반면 식물성 생크림은 식물성 기름에 유화제와 안정제 같은 첨가물을 넣기 때문에 유통 기한이 길고, 모양도 예쁘게 잡히죠. 그래서 식물성 생크림을 이용하면 예쁘고 오래가는 음식을 만들 수 있어요. 하지만 식물성이란 이름에서 주는 느낌과는 달리, 트랜스 지방이 생길 수 있어 건강에는 좋지 않아요. 맛도 다르지만, 특히 향은 크림만 따로 맡아보면 차이가 크게 날 거예요.

사실 식물성 생크림은 모조 생크림이나 합성 생크림이라는 표현이 더 어울려요. 하지만 경제적으로 훨씬 이익이라 제과업계에서 널리 사용되고, 결국 기존의 생크림에 '동물성'이라는 이상한 말이 붙게 됐어요. 물론 식물성 생크림의 가격이 저렴하다는 장점은 무시할 수 없겠죠. 하지만 최소한 내가 무엇을 먹을지 선택할 권리는 누려야 하지 않을까요? 이럴 때 시간이 없다면 첨가물 표시 길이만 확인해도 내가 원하는 선택을 하는 데 큰 도움이 돼요.

식품 성분 표시는 어떻게 읽어요?

기본적인 원칙만 지켜도 큰 도움이 되지만, 각 성분이 어떤 역할을 하는지 조사해 봐도 좋아요. 익숙해지면 내가 먹는 음식을 어떻게 만드는지 상상할 수 있죠. 너무 어렵게 생각할 필요 없어요. 몇 가지 제품만 분석해 보면 단골손님이 보이기 시작하니까요. 우리가 자주 먹는 음식은 어떻게 만드는지, 한 번 확인해 볼까요?

탄산음료

식품 유형	탄산음료	유통 기한	뚜껑 또는 병목 또는 라벨 표시일까지
원재료명	정제수, 당시럽, 설탕, 액상 과당, 이산화탄소, 카라멜색소, 인산, 천연착향료, 카페인(향미 증진제)		

첫 번째 과제는 탄산음료예요. 우선 유통 기한이 어디 적혀 있는지가 나오네요. 제품 포장에는 이렇게 성분 외에도 중요한 정보가 많이 적혀 있어요. 그럼 원재료는 어떨까요? 음료다 보니 가장 많은 성분은 역시 '정제수', 즉 물이죠. 다음으로 많이 들어간 건 '당시럽', '설탕', '액상 과당'이에요. 이름은 다르지만 모두 단맛을 내는 성분이죠. 당시럽은 사탕수수나 단풍나무에서 얻은 당즙을 가공한 성분이에요. 설탕은 사탕수수나 사탕무에서 얻은 원당을 녹이지 않고 고체 형태로 만든다는 차이가 있고요. 액상 과당은 옥수수에서 포도당을 추출하고, 이 포도당을 효소를 이용해 과당으로 만든 제품이에요. 설탕보다 단맛은 강한데 값은 저렴해서, 상당히 자주 등장하는 첨가물이죠. '고과당 콘 시럽'이나 'HFCS'라고 부르기도 해요. 표시 순서만 봐도 당분이 얼마나 많은지 알 수 있죠?

이렇게 달콤한 물에 이산화탄소를 넣어 탄산음료 특유의 톡 쏘는 느낌을 더해요. '카라멜색소'는 짙은 색깔을 내는 첨가물이에요. 원래 카라멜은 설탕을 녹인 물을 졸여서 만들어요. 당분이 열을 받으면 색깔이 갈색으로 변하는 원리를 이용하는 거죠. 하지만 식품 첨가물로 쓰이는 카라멜색소는 효율적인 생산을 위해 암모니아와 아황산 화합물 반응을 이용해요. 그래서 미국에서는 카라멜색소의 발암성이 큰 논란이 되기도 했어요. 아직 동물 실험에서만 발암성이 입증되긴 했지만, 캘리포니아주에서는 카라멜색소가 많이 든 제품에 발암 경고 문구가 들어간다고 해요.

다음 성분인 '인산'은 신맛을 추가하는 첨가물이고, '천연착향료'는 동물이나 식물성 원료에서 추출한 향기를 더해 주는 물질이에요. 마지막으로 '카페인'에는 "향미 증진제"라는 설명이 덧붙여져 있죠? 카페인의 쓴맛과 독특한 향이 다른 맛을 더 강조해 주기 때문에, 카페인은 향미 증진제로 분류돼요. 카페인이라고 하면 보통 커피나 카페인 음료를 떠올리지만, 탄산음료에도 들어 있었던 셈이에요. 액상 과당과 설탕의 단맛이 카페인과 결합하기 때문에 탄산음료는 상당한 중독성을 자랑하죠.

이제 탄산음료가 어떻게 만들어지는지 대충 알겠죠? 물에 감미료를 넣어 단맛을 내고, 탄산을 추가한 다음, 색소를 넣어 색깔을 내고, 신맛과 쓴맛을 더하고 향료를 넣으면 완성이에요. 탄산수와 설탕, 레몬즙, 카라멜 시럽처럼 같은 역할을 하는 재료를 이용하면 집에서도 비슷한 맛을 즐길 수 있어요.

과자

제품명	○○○	식품 유형	과자(유 처리 제품)
원재료명	소맥분(밀;미국산), 미강유(태국산), 옥수수전분{옥수수;외국산(러시아, 헝가리, 세르비아 등)}, 새우(국산 50%, 미국산 50%), 팜유, 맛 베이스 조미 분말{건새우 분말(새우;중국산), 새우 추출물 분말(새우;미국산)}, 혼합제제(타피오카산화전분, 말토덱스트린), 새우 풍미유, 염미 시즈닝		
유통 기한	후면 표기일까지	포장 재질	폴리프로필렌
• 이 제품은 쇠고기, 돼지고기, 토마토, 게, 닭고기, 오징어, 땅콩, 계란, 조개류(굴, 전복, 홍합 포함)를 사용한 제품과 같은 제조 시설에서 제조하고 있습니다.			

이번 과제는 과자예요. 과자 뗏목으로 한강을 횡단하는 행사가 벌어질 정도로 과대 포장 논란이 거세죠. 포장 크기 대신 포장지에 있는 제품 중량을 확인하면, 과대 포장에 속을 확률을 줄일 수 있죠. 깜짝 놀랄 정도로 가벼운 제품도 많을 거예요. 이렇게 말도 많고 탈도 많은 과자는 어떻게 만드는 걸까요? 먼저 식품 유형은 과자고 "유 처리 제품"이라는 설명이 덧붙었어요. 보통 과자는 기름에 튀긴 '유탕 처리 제품'이 많아요. 이 제품은 일단 구운 다음 기름을 뿌렸기 때문에 '유 처리 제품'으로 분류되죠.

가장 많이 든 재료는 '소맥분밀;미국산'이네요. 말이 어렵죠? 한자로 밀을 소맥, 보리를 대맥이라고 해요. 거기에 가루 '분'자가 더해졌으니 소맥분은 밀가루, 대맥분은 보릿가루를 의미하죠. 국산 밀은 아직 생산량이 많지 않아 가격이 비싸서, 과자 대부분은 미국산 밀가루를 써요.

다음 성분은 '미강유'예요. 뒤에는 '팜유'와 '새우 풍미유'도 있죠? 유 처리 식품이라 '유'로 끝나는 기름 성분이 들어간 거예요. 현미를 깎아 백미로 만들면 쌀겨라고 하는 성분이 남는데, 여기서 짜낸 기름이 미강유예요. 팜유는 기름 야자나무oil palm의 열매에서 채취하는데, 가격이 저렴해서 식품 성분표시의 단골손님이에요. 새우 풍미유는 어떤 기름인지 정확하게 알 순 없지만 새우향이 첨가된 기름을 말하겠죠.

다음으로 많이 들어간 재료는 '전분'이에요. 녹말이라고 부르기도 하죠. 식물은 광합성으로 만든 탄수화물을 전분 형태로 저장해요. 귀중한 탄수화물 공급원인 셈이죠. 쌀, 밀, 옥수수에 든 전분을 먹게 되면서 인간은 배고픔에서 벗어났다고 해도 과언이 아니에요. 전분은 물을 섞으면 끈기가 생기기 때문에 음식을 만들 때 자주 사용하죠.

중간에는 '새우'와 '맛 베이스 조미 분말'이 있죠. 새우는 알겠는데, 맛 베이스 조미 분말은 뭘까요? 이렇게 낯선 성분이야말로 우리를 당황하게 하는 주범이죠. '베이스', '조미', '분말', '시즈닝' 같은 단어가 들어가는 성분은 음식에 특정한 맛을 더하는, 흔히 말하는 조미료예요. 이들은 복합 원재료라고 해서, 두 가지 이상의 원재료로 가공한 첨가물이 제품 무게의 5퍼센트 미만이라면 이렇게 표시할 수 있어요. 그래서 어떤 성분으로 만든 조미료인지는 정확하게 확인할 수는 없죠. 뒤에 나오는 '염미 시즈닝'도 같은 복합 원재료예요. 시즈닝

Seasoning은 양념이라는 뜻이니, 짠맛을 내는 조미료라고 추측해 볼 수 있겠죠.

나머지 성분인 '혼합제제타피오카산화전분, 말토덱스트린'에서 타피오카 산화전분은 타피오카를 산화제로 처리해 만드는 전분이에요. 타피오카는 카사바라고 하는 열대 식물 뿌리를 동그랗게 말린 성분인데, 버블티 안에 들어가는 동그란 덩어리가 바로 타피오카 전분이에요. 특별한 맛이나 향 없이 오직 점성만 추가할 수 있어 식품업계에서 유용하게 사용하죠. 말토덱스트린은 옥수수나 밀에서 추출한 녹말을 묽은 산이나 효소로 분해해서 만드는데, 전분과 거의 비슷한 역할을 해요.

이제 어떻게 만들었는지 정리해 볼까요? 밀가루에 전분, 새우를 섞어 기본 형태를 잡고, 맛 베이스 조미 분말과 염미 시즈닝으로 맛을 더하고, 구운 다음 미강유와 팜유, 새우 풍미유 같은 기름을 더해 먹기 좋게 만든 제품이에요. 어때요? 우리가 즐겨 먹는 과자에도 상당히 복잡한 원리가 숨어 있죠? 그리고 마지막 부분에 나오는 '쇠고기, 돼지고기, 토마토, 게, 닭고기, 오징어, 땅콩, 계란, 조개류(굴, 전복, 홍합 포함)'는 모두 알레르기 유발 물질이에요. 제조 시설에서 이런 성분을 다루고 있으니, 혹시라도 관련 알레르기가 있다면 조심하라는 뜻이죠.

라면

제품명	OOO	식품 유형	유탕면
원재료명	• 면/소맥분(미국산, 호주산), 감자 전분(독일산), 팜유(말레이시아산), 변성 전분, 난각칼슘, 정제염, 야채조미 추출물, 면류 첨가 알칼리제(산도 조절제), 혼합제제(산도 조절제), 올리고 녹차 풍미액, 비타민B_2. • 스프류/정제염, 소고기 맛 베이스, 정백당, 육수맛 조미 베이스, 볶음 양념분, 조미 아미노산 간장 분말, 조미 소고기 분말, 5'-리보뉴클레오니트이나트륨, 분말 된장, 마늘 베이스, 간장 분말, 조미 양념분, 조미 홍고추 분말, 후춧가루, 매운 맛 조미분, 복합 양념 분말, 마늘 발효 조미분, 칠리맛 풍미분, 돈골 조미 분말, 발효 표고 조미분, 호박산이나트륨, 후추 풍미 분말, 표고버섯 분말, 양파 풍미분, 우골 마늘 조미분, 조미 효모 분말, 마늘 동결 건조 분말, 분말 카라멜(카라멜색소, 물엿 분말), 생강 추출물 분말, 대두단백, 건파, 건청경채, 건표고버섯, 건당근, 건고추		
	밀, 대두, 돼지고기, 계란, 쇠고기 함유		
유통 기한	후면 표기일까지	포장 재질	폴리프로필렌
• 이 제품은 우유, 메밀, 땅콩, 고등어, 게, 새우, 토마토, 호두, 닭고기, 오징어, 조개류(굴, 전복, 홍합 포함)를 사용한 제품과 같은 제조 시설에서 제조하고 있습니다.			

마지막 과제는 온 국민이 사랑하는 라면이에요. 청소년을 상대로 좋아하는 음식을 조사했더니 라면이 압도적인 1위였다고 해요. 라면 섭취량 자체도 인도네시아를 큰 차이로 제치고 세계 1위를 자랑하고 있죠. 이렇게 익숙한 식품이지만 정작 라면이 어떻게 만들어졌는지 아는 사람은 별로 없어요. 식품 성분 표시도 너무 복잡하고 어렵죠. 그래도 좌절하지 말고, 이 기나긴 성분 표시를 분석해 보기로 해요.

우선 식품 유형은 '유탕면'이라고 돼 있죠? 앞에서도 말했지만 '유탕'은 기름에 튀겼다는 뜻이니 기름에 튀긴 면으로 만든 제품이군요.

성분 표시를 자세히 보면 면과 스프류로 구분돼 있으니, 먼저 면부터 확인해 봐요. 주재료는 역시 '소맥분', 즉 밀가루예요. 그리고 과자에도 들어 있던 전분이 또 나오죠? '감자 전분'은 감자에서 추출한 성분이고, '변성 전분'은 사용하기 좋게 가공한 전분을 말해요. 감자 전분과 변성 전분이 들어가면 면이 쫄깃해지는 효과가 있죠. 중간의 '팜유'는 팜유로 면을 튀겼다는 사실을 말해 주고요. '난각 칼슘'은 달걀에서 뽑아내는 칼슘인데, 면발을 더 먹기 좋게 만들어요. '정제염'은 말 그대로 정제한 소금이에요. 스프에만 소금이 들어간다고 생각하기 쉽지만, 사실은 면 자체도 이미 소금으로 간이 돼 있어요.

여기까지는 비교적 쉽지만, 그다음부터는 또 처음 듣는 단어가 가득하네요. '조미'라는 말이 들어가면 복합 원재료 조미료라고 했죠? '야채 조미 추출물' 역시 같은 조미료예요. 이름으로 봐선 채소에서 맛을 내는 성분을 추출한 것 같네요. 뒤에 나오는 '올리고 녹차 풍미액'도 복합 원재료예요. '녹차'와 '풍미'라는 말로 봐선 녹차의 향을 더해 주는 용액으로 추정되네요. 그 외에는 '면류 첨가 알칼리제'와 '혼합제제'가 들어가고, 둘 다 '산도 조절제'라는 설명이 붙었어요. 산도는 산성의 세기를 알려 주는 지표죠. 이 산도를 조절하면 부패가 늦어져서 식품을 더 오래 보관할 수 있어요. 이런 역할을 하는 첨가물을 산도 조절제라고 해요. 산도 조절제로 쓰는 첨가물은 용도만 표시하면 되기 때문에, 구체적인 성분은 표시하지 않아도 돼요. 다만 산도를 조절해 유통 기한을 늘렸다는 사실은 확인할 수 있겠죠. 비타민 B_2는 라면에는 특히 비타민 B군이 거의 없어서 첨가한 합성 비타민이에요.

이제 면은 끝났고, 스프가 남았네요. 복잡해 보이지만, 조미와 베이스 같은 말이 들어가는 복합 원재료를 묶으면 다음처럼 정리할 수 있어요.

정제염, 정백당, 분말 된장, 간장 분말, 후춧가루, 표고버섯 분말, 마늘 동결 건조 분말, 분말 카라멜(카라멜색소, 물엿 분말), 생강 추출물 분말, 대두단백, 건파, 건청경채, 건표고버섯, 건당근, 건고추
소고기 맛 베이스, 육수맛 조미 베이스, 마늘 베이스 볶음 양념분, 조미 아미노산 간장 분말, 조미 소고기 분말, 조미 양념분, 조미 홍고추 분말, 매운 맛 조미분, 복합 양념 분말, 마늘 발효 조미분, 칠리맛 풍미분, 돈골 조미 분말, 발효 표고 조미분, 후추 풍미 분말, 양파 풍미분, 우골 마늘 조미분, 조미 효모 분말
5'-리보뉴클레오니트이나트륨, 호박산이나트륨

첫 번째 칸에 있는 성분은 비교적 친숙한 재료죠. 정제염으로 짠맛을, 정백당설탕과 물엿을 넣은 분말 카라멜로 단맛을, 후춧가루와 생강 추출물로 향을 더했어요. 가루로 만든 된장과 간장, 그리고 말린 파와 청경채, 표고버섯, 당근과 고추로 감칠맛을 넣었고요. 대두단백은 콩에서 콩기름과 탄수화물 성분을 제거하고 남은 단백질을 응축해서 만들어요. 소량이지만 단백질을 더해 주겠죠. 정리해 보면 정제염이 제일 처음 나오는 만큼, 상당히 짜다는 사실을 알 수 있어요. 반면에 말린 자연 재료는 맨 마지막에 표시될 정도로 얼마 들어가지 않았고요. 이런 맛의 불균형을 해소하고자 두 번째 칸에 있는 조미료들

이 동원돼요.

정확한 구성 성분은 알 수 없지만, 이들은 모두 다양한 맛과 향을 더하는 첨가물이에요. 소고기쇠고기와 육수, 돈골돼지 뼈, 우골소뼈, 발효 효고, 아미노산 간장 등을 이용한 첨가물은 감칠맛을, 조미 홍고추 분말과 칠리맛 풍미분, 매운맛 조미분은 매운맛을 더하는 성분이죠. 볶음 양념과 조미 양념처럼 '양념'이 들어가는 성분에는 여러 가지 맛이 들어 있을 테고요. 마늘 베이스와 마늘 발효 조미분, 후추 풍미 분말, 양파 풍미분은 식욕을 돋우는 향을 더하죠. 조미 효모 분말에 들어가는 효모는 빵을 부풀릴 때 쓰는 일종의 세균이에요. 분말 형태로 만들어 넣으면 맛을 더 강하게 하는 효과가 있죠.

세 번째 칸에는 '나트륨'으로 끝나는 성분 두 개가 있죠? 단일 성분에 나트륨을 결합한 형태라 구체적인 이름이 표시된 거예요. '5'-리보뉴클레오티트이나트륨'은 핵산을 추가해 감칠맛을 더하는 조미료고, '호박산이나트륨'은 조개의 감칠맛을 더하는 조미료죠. 둘 다 MSG에 대한 무시무시한 공포 때문에 대신 첨가하는 성분이에요. 서로 다른 재료에서 추출한 감칠맛을 섞으면 감칠맛이 훨씬 진해지는 효과를 노린 거죠.

라면은 국물 요리를 간편하고 저렴하게 즐기고자 개발된 제품이에요. 물에 끓이기만 하면 되도록 면에 다양한 성분을 넣고 튀긴 다음 산도 조절제로 오래 보관할 수 있게 했죠. 또 짠맛, 감칠맛, 단맛이 조화를 이루는 국물을 저렴하게 만들어야 하니 조미료가 대거 동원

되고, 그래서 스프 성분이 복잡할 수밖에 없어요. 재료 고유의 맛보다는 다양한 조미료에서 나오는 강한 맛으로 승부해야 하니까요. 맛있는 라면이 어떻게 이렇게 저렴한지, 중독성은 왜 이리 높은지 이제 이해가 가죠?

식품 첨가물의 31가지 용도

식품 성분 표기를 보면 산도 조절제나 산화 방지제 같은 식품 첨가물을 확인할 수 있어요. 하지만 대체 뭐에 쓴다는 건지 자세한 설명이 없어 불친절하죠. 우리나라 식품 의약품 안전처에서는 식품 첨가물의 용도를 31가지로 구분하고 있어요. 첨가물이 어떤 역할을 하는지 조금 더 자세하게 알아볼까요?

1 감미료: 식품에 단맛을 부여하는 식품 첨가물.

2 고결 방지제: 식품의 입자 등이 서로 부착되어 고형화되는 것을 감소시키는 식품 첨가물.

3 거품 제거제: 식품의 거품 생성을 방지하거나 감소시키는 식품 첨가물.

4 껌 기초제: 적당한 점성과 탄력성을 갖는 비영양성의 씹는 물질로서 껌 제조의 기초 원료가 되는 식품 첨가물.

5 밀가루 개량제: 밀가루나 반죽에 첨가되어 제빵 품질이나 색을 증진시키기 위해 사용되는 식품 첨가물.

6 발색제: 식품의 색을 안정화시키거나, 유지 또는 강화시키는 식품 첨가물.

7 보존료: 미생물에 의한 품질 저하를 방지하여 식품의 보존기간을 연

장시키는 식품 첨가물.

8 분사제: 용기에서 식품을 방출시키는 가스 식품 첨가물.

9 산도 조절제: 식품의 산도 또는 알칼리도를 조절하는 식품 첨가물.

10 산화 방지제: 산화로 식품의 품질 저하를 방지하는 식품 첨가물.

11 살균제: 식품 표면의 미생물을 단시간에 사멸시키는 작용을 하는 식품 첨가물.

12 습윤제: 식품이 건조되는 것을 방지하는 식품 첨가물.

13 안정제: 두 가지 또는 그 이상의 성분을 일정한 분산 형태로 유지시키는 식품 첨가물.

14 여과 보조제: 불순물 또는 미세한 입자를 흡착하여 제거하기 위해 사용되는 식품 첨가물.

15 영양 강화제: 식품의 영양학적 품질을 유지하기 위해 제조 공정 중 손실된 영양소를 복원하거나 영양소를 강화시키는 식품 첨가물.

16 유화제: 물과 기름 등 섞이지 않는 두 가지 또는 그 이상의 상phases을 균질하게 섞어 주거나 유지시키는 식품 첨가물.

17 이형제: 식품의 형태를 유지하기 위해 원료가 용기에 붙는 것을 방지하여 분리하기 쉽도록 하는 식품 첨가물.

18 응고제: 식품 성분을 결착 또는 응고시키거나, 과일 및 채소류의 조직을 단단하거나 바삭하게 유지시키는 식품 첨가물.

19 제조용제: 식품의 제조·가공 시 촉매, 침전, 분해, 청징 등의 역할을 하는 보조제 식품 첨가물.

20 젤형성제: 젤을 형성하여 식품에 물성을 부여하는 식품 첨가물.

21 증점제: 식품의 점도를 증가시키는 식품 첨가물.

22 착색료: 식품에 색을 부여하거나 복원시키는 식품 첨가물.

23 추출용제: 유용한 성분 등을 추출하거나 용해시키는 식품 첨가물.

24 충전제: 산화나 부패로부터 식품을 보호하기 위해 식품의 제조 시 포장 용기에 의도적으로 주입시키는 가스 식품 첨가물.

25 팽창제: 가스를 방출하여 반죽의 부피를 증가시키는 식품 첨가물.

26 표백제: 식품의 색을 제거하기 위해 사용되는 식품 첨가물.

27 표면 처리제: 식품의 표면을 매끄럽게 하거나 정돈하기 위해 사용되는 식품 첨가물.

28 피막제: 식품의 표면에 광택을 내거나 보호막을 형성하는 식품 첨가물.

29 향료: 식품에 특유한 향을 부여하거나 제조 공정 중 손실된 식품 본래의 향을 보강하기 위해 사용되는 식품 첨가물.

30 향미 증진제: 식품의 맛 또는 향미를 증진시키는 식품 첨가물.

31 효소제: 특정한 생화학 반응의 촉매 작용을 하는 식품 첨가물.

영양 정보 표시는 너무 복잡해요!

식품 성분 표시 분석 실습을 하느라 수고했어요. 어렵긴 하지만 무조건 싼 제품이 아니라, 내가 원하는 제품을 선택하는 첫걸음이 될 거예요. 그런데 포장지에는 또 다른 중요한 정보가 있어요. 바로 영양 정보 표시예요. 사실 다이어트 때문에 열량을 계산하는 사람 외에는 아무도 신경 쓰지 않지만, 여기에는 우리 생활에 도움이 되는 영양학 자료가 가득해요.

영양 정보 표시를 보면 대부분 다음과 같은 형식일 거예요.

영양 정보		총 내용량 90g 30g당 **150kcal**	
30g당 1일 영양 성분 기준치에 대한 비율		**총 내용량당**	
나트륨 200mg	10%	610mg	31%
탄수화물 18g	6%	55g	17%
당류 1.8g	2%	5g	5%
지방 8g	15%	24g	44%
트랜스 지방 0g		0g	
포화 지방 2.5g	17%	7g	47%
콜레스테롤 0mg	0%	0mg	0%
단백질 2g	4%	6g	11%
칼슘 53mg	8%	160mg	23%
1일 영양 성분 기준치에 대한 비율(%)은 2,000kcal 기준이므로 개인의 필요 영양에 따라 다를 수 있습니다.			

교과서에서 배운 단어가 많죠? 제일 처음 확인해야 하는 정보는 총 내용량과 기준 단위예요. 위에 나온 제품은 총 내용량이 90그램이고 기준 단위는 30그램이죠. 그래서 왼쪽에는 3번에 나눠 먹을 때 한 번에 섭취하는 양이, 오른쪽에는 한 봉지 다 먹었을 때 섭취하는 양이 나와 있어요. '1일 영양 성분 기준치에 대한 비율'을 보면 특정 영양소를 얼마나 먹게 되는지 확인할 수 있죠. 한 봉지 기준으로 나트륨은 31퍼센트, 지방은 44퍼센트(포화 지방은 47퍼센트)나 섭취하게 되네요.

예전에는 '1회 제공량'을 기준으로 표시했는데, 황당하게도 이 기준을 기업이 정했어요. 게다가 단백질, 당류, 포화 지방은 0.5그램, 트랜스 지방은 0.2그램, 콜레스테롤은 2밀리그램, 나트륨은 5밀리그램 미만이라면 0으로 표시할 수 있어서, '트랜스 지방 제로' 같은 문구를 넣으려 1회 제공량을 터무니없이 낮게 정하기도 했어요. 심지어 식빵은 8장인데 1회 제공량이 7분의 1봉지인 제품도 있었죠. 이 부분에 대한 비판이 많아서, 2018년부터는 1회 제공량 대신 총 제공량을 표시하고 100그램당, 1조각당 같은 알기 쉬운 단위로 영양 정보를 표시하기로 했어요. 이렇게 표시 기준을 바꿨더니 학교 매점에서 팔면 안 되는 고열량·저영양 식품이 3,022개 품목으로, 2017년 3월 2,551개 품목에 비해 18.5퍼센트나 늘어났다고 해요. 그동안 '1회 제공량'을 얼마나 마음대로 적용해 왔는지를 보여 주는 증거죠.

열량은 칼로리kcal라는 이름으로 더 유명해요. 살찔까 봐 걱정인 사람에게는 시험 점수 다음으로 짜증 나는 숫자죠. 칼로리 계산기를 들고 다니며 자기가 먹는 모든 음식을 계산하는 사람이 있는데, 사실 이 방법은 그렇게 효과적이지 못해요. 우리나라 교육을 말할 때 '19세기 교실에서 20세기 교사가 21세기 학생을 가르친다'라고 하죠? 음식에서는 칼로리가 19세기 교실에 해당해요. 칼로리, 즉 열량은 열이 얼마나 많고 적은지를 표시하는 단위예요. 그러다 100년 전에 이 개념을 음식에 적용하기 시작했어요. 음식을 태울 때 발생하는 열량이 곧 음식에 든 에너지라고 생각한 거예요. 그래서 실험 장치에 음식을 넣고 실제로 불에 태워 칼로리를 계산했어요.

'먹는 양보다 쓰는 양이 많으면 살이 빠진다'는 현대 다이어트의 절대 공식은 이런 칼로리 계산 덕분에 나온 개념이에요. 살을 빼려고 헬스클럽에 등록하면 트레이너가 칼로리를 조심하라고 귀가 닳도록 얘기하죠. 그런데 실제로 칼로리를 계산해 보면 인간은 살을 빼기가 매우 어렵다는 결론이 나와요. 식빵 한 장을 150칼로리로 잡으면 걷기 1시간, 수영 30분, 줄넘기 30분을 해야 겨우 원상태가 되니까요. 주말을 맞아 1인 1닭이라도 했다간 온종일 걸어야 할 판이죠. 그래서 칼로리를 소모해야 한다는 압박 때문에 운동을 무리하게 하다 다치는 사람도 많아요.

칼로리 계산법은 단순해서 큰 인기를 얻었지만, 음식에 담긴 에너지는 대단히 복잡하고 정교해요. 아몬드로 100칼로리를 섭취했을 때와 콜라로 같은 양을 섭취했을 때 몸에서 일어나는 반응은 전혀 달라요. 그래서 우리가 먹는 음식의 종류가 칼로리 못지않게 중요하죠. 또 칼로리를 신경 쓸수록 스트레스가 쌓여 폭식하기 쉽다는 연구도 있어요. 그러니 칼로리는 절대 기준이라기보다는 가벼운 참고 자료라고 생각하면 돼요. 건강한 식단을 짜고 싶다면 차라리 가공식품 섭취를 줄이는 편이 훨씬 쉽고 효과적이니까요.

다음에는 3대 영양소인 탄수화물, 지방과 단백질 퍼센트를 봐야 해요. 맨 아래에는 "1일 영양 성분 기준치에 대한 비율"이라는 친절한 안내도 있네요. 하루 섭취 기준량인 2,000칼로리의 몇 퍼센트를 제공하는지 알 수 있겠죠. 이 제품은 한 봉지를 다 먹으면 탄수화물 17퍼센트, 단백질 11퍼센트, 지방 44퍼센트를 섭취하게 되죠. 과자 한 봉지에 하루 지방 섭취 기준의 44퍼센트라니, 생각보다 만만치 않죠? 그리고 칼슘도 한국인이 잘 섭취하지 않는 대표적인 영양소니까 확인하면 좋아요.

그 외에는 콜레스테롤과 나트륨이 특별히 표시돼 있어요. 콜레스테롤은 우리나라보다는 서양에서 특히 신경 쓰는 성분이에요. 전 세계 사망 원인 1위가 심혈관 질환인데, 1953년 안셀 키즈 박사가 콜레스테롤이 혈관을 막히게 한다는 유명한 연구를 발표했기 때문이죠. 하지만 혈관 건강과 콜레스테롤이 별 상관이 없다는 연구가 발표되는 등 아직 논란이 진행 중이니, 참고만 하면 돼요. 한국인에게 더 중요한 성분은 나트륨이에요. 한국인의 나트륨 섭취가 너무 많다는 뉴스가 잊을 만하면 나오죠? 세계보건기구WHO : World Health Organization 권장량의 2배가 넘어가기 때문이에요. 이 제품도 하루 권장량의 31퍼센트를 제공하고 있네요. 나트륨 하루 권장량 넘기지 않기에 도전해 보면 어떨까요? 생각보다 쉬운 일이 아닐 거예요. 라면 하나만 먹어도 하루 나트륨 권장량의 90퍼센트를 채우거나 넘기기까지 하니까요.

당류와 트랜스 지방, 포화 지방 이야기

앞에서 나온 영양 정보 표시에서 기본 항목 아래에 있는 세부 항목을 살펴보기로 해요. 탄수화물 밑에는 당류가, 지방 밑에는 트랜스 지방과 포화 지방이 들여쓰기로 표시돼 있어요. 특별히 써 놓은 걸 보니 그만큼 주의해서 보라는 말이겠죠? 아직 건강한 여러분은 크게 관심이 가지 않겠지만, 이렇게 강조하는 데는 중요한 이유가 있어요. 그러니 각종 건강 프로그램의 단골 소재이기도 한 이 삼총사를 자세히 해부해 보기로 해요.

탄수화물에 포함되는 당류는 조금 공부가 필요한 성분이에요. 탄수화물의 최소 단위는 단당류라고 하는데, 더는 분해되지 않는 당류라는 뜻이에요. 대표적인 단당류는 포도당과 과당이에요. 앞에서 탄산음료에 들어간 액상 과당이 생각나죠? 단당류에 가까울수록 단맛이 더 강해져요. 이런 단당류 2개가 결합하면 설탕과 유당 같은 이당류가 돼요. 또 3~10개가 결합하면 올리고당이 되고, 그 이상이 되면 전분 같은 다당류가 되죠. 우리가 밥이나 빵을 씹으면 전분의 분자 결합이 끊어져서 점점 단당류에 가까워져요. 그래서 탄수화물 음식은 씹으면 씹을수록 단맛이 나죠.

이 중에서 단당류와 이당류를 묶어서 단순당이라고 하고, 올리고당과 다당류를 묶어서 복합당이라고 해요. 영양 정보 표시에서 말하는 당류가 바로 단순당이에요. 쉽게 말하면 '이 제품의 탄수화물에는 단순당이 이만큼 들었습니다'라고 알려 주는 셈이죠. 단순당은 복합당보다 훨씬 빠르게 우리 몸에서 흡수되어 혈당을 높여요. 그래서 너무 자주 많이 먹으면 혈당을 낮추는 호르몬인 인슐린을 생산하느라 췌장이 무리하게 되죠. 이런 상황이 반복되면서 인슐린이 제대로 나오지 않게 되는 상태를 당뇨라고 해요. 게다가 단순당은 열량에 비해 배가 부르다는 느낌은 적어서 비만을 유발하기 쉬워요. 최근 당뇨 환자와 비만 인구가 늘면서 탄수화물이 만병의 근원 취급을 받고 있죠. 하지만 진짜 문제는 가공식품이 늘면서 복합당 섭취는 줄고 단순당 섭취는 늘어나는 현실이에요. 영양 정보 표시에서 당류 비율이 높다면 그만큼 단순당이 많으니, 먹고 나서 많이 운동해야 한다는 뜻이라고 해석하면 되죠.

다음 주제는 포화 지방이에요. 말만 들어도 살이 찔 것 같죠? 포화 지방의 반대말은 불포화 지방인데, 이 둘은 분자 구조로 구분해요. 지방 분자는 긴 탄소 사슬에 수소가 붙어 있는 형태인데, 포화 지방은 분자 구조가 직선이고 수소가 결합할 자리가 없어요. 빈자리가 없어서 가득 찼다는 뜻인 '포화' 지방인 거죠. 반면 불포화 지방은 빈자리가 있어 분자 구조가 구부러졌죠. 그래서 불포화 지방은 공기에 오래 노출되면 산패라는 현상이 일어나 상해 버려요. 하지만 포화 지방은 구조가 안정적이라 잘 변하지 않고, 낮은 온도에서 굳는 성질이 있어요. 시간이 지나면 하얗게 굳는 삼겹살 기름을 떠올리면 쉬울 거예요. 그래서 흔히 동물성 기름은 포화 지방이고 식물성 기름은 불포화 지방이라 생각하는데, 팜유와 코코넛유 같은 예외가 있어 완벽한 구분법은 아니에요.

포화 지방은 혈관에 염증을 일으키고, 콜레스테롤이 쌓이게 해 혈관을 좁게 한다고 알려졌어요. 앞에서 말한 얀셀 키즈 박사의 연구 때문이었죠. 혈관 건강에 대단히 민감한 미국 사람들은 포화 지방 공포에 휩싸였고, 버터를 비롯한 동물성 기름 퇴출 운동이 일어났어요. 그래서 이때부터 식물성 기름이 큰 주목을 받게 되었어요. 하지만 포화 지방이 92퍼센트인 코코넛유를 즐겨 먹는 현지 주민들은 혈관 질환이 거의 없고, 프랑스 사람들도 버터를 즐겨 먹지만 심혈관질환 사망률은 훨씬 낮은 '프렌치 패러독스'도 존재해요. 그래서 최근에는 포화 지방과 불포화 지방의 섭취 비율과 식생활의 전반적인 균형에 더 주목하죠. 다만 포화 지방이 많은 가공식품은 칼로리가 높고 다른 영양소는 부족한 경우가 많으니 조심해야 해요.

트랜스 지방은 이런 역사적 배경에서 나왔어요. 동물성 기름에 대한 공포 때문에 식물성 기름이 주목받았다고 했죠? 그런데 식물성 기름은 상온에서 액체 상태이니 관리하기가 쉽지 않고, 산패 때문에 유통 기한도 짧아요. 무엇보다도 음식을 여러 번 튀길 수가 없죠. 그래서 식품 업계는 이런 단점을 없앨 방법을 고안했어요. 불포화 지방에 수소를 첨가해 빈자리를 없애는 거죠! 이렇게 하면 구부러진 분자 구조가 펴져서, 식물성 기름을 버터처럼 굳힐 수 있게 돼요. 이 현상을 이용한 제품이 바로 마가린이죠. 그래서 버터와 마가린은 비슷해 보이지만, 성분 표시는 완전히 달라요.

버터	마가린
유크림 100퍼센트 (국산/우유)	가공유지(야자 경화유(외국산), 팜스테아린에스테르화유(말레이시아산), 대두 에스테르화유, 팜 올레인, 체중강화 에스테르화유, 식물성 유지(야자유, 외국산) 대두유(외국산), 프리페어드에드블펫(유크림, 야자 경화유, 우유), 유크림(우유), 탈지분유(우유), 정제염, 유화제, 레시틴(대두), 혼합제제1(폴리이신, 글리세린, 주정), 구연산, 천연토코페롤(대두), 백설탕, 혼합제제2(옥수수유, 베타카로틴, DL-a 토코페롤), 합성착향료(버터향)

한눈에 봐도 마가린은 뭔가 많이 들어갔죠? 팜유와 대두유 같은 식물성 기름은 여러 첨가물을 이용해 가공했다는 뜻이에요. 원료가 식물성 기름이다 보니, 마가린은 버터보다 훨씬 몸에 좋은 건강식품으로 날개 돋친 듯 팔려나갔어요. 그런데 사람들의 건강은 전혀 나아지지 않았죠. 이를 이상하게 여긴 학자들이 연구해 보니 포화 지방보다 훨씬 더 건강에 좋지 않다는 결과가 나왔어요. 결국 뉴욕시는

2007년부터 음식점의 트랜스 지방 사용을 규제했고, 2013년에는 미국 식품의약국이 트랜스 지방 사용을 전면 금지했죠. 이렇게 민감한 성분인 만큼 우리나라에서도 의무적으로 함량을 표시하고 있어요.

식품 신호등 표시와 알레르기 안내

영양 정보 표시에 대해 알아봤는데, 상당히 복잡하고 까다롭죠? 좋은 음식인지 나쁜 음식인지 구분하기도 쉽지 않을 거예요. 그래서 도입한 제도가 바로 어린이 기호 식품 신호등 표시제예요.

구분	등급	색상	당류	지방	포화 지방	나트륨
간식용	낮음	녹색	3g미만	3g미만	1.5g미만	120mg미만
	보통	황색	3g이상, 17g이하	3g이상, 9g이하	1.5g이상, 4g이하	120mg이상, 300mg이하
	높음	적색	17g초과	9g초과	4g초과	300mg초과
식사 대용	낮음	녹색	3g미만	3g미만	1.5g미만	120mg미만
	보통	황색	3g이상, 17g이하	3g이상, 12g이하	1.5g이상, 4g이하	120mg이상, 600mg이하
	높음	적색	17g초과	12g초과	4g초과	600mg초과

어린이 기호 식품 신호등 표시제, 출처: 식품 의약품 안전처, 1회 제공량 기준.

식품 신호등은 당류, 지방, 포화 지방, 나트륨 함량을 색깔로 구분하는 방법이에요. 녹색은 낮은 수준, 노란색은 중간 수준, 빨간색은 높은 수준이라는 뜻이죠. 현재 영양 정보 표시는 어린이들이 이해하기에는 너무 어려우니, 그 대안으로 도입된 표시법이에요. 특정 성분이 빨간색이라면 아무래도 조심하게 되겠죠? 하지만 아직은 적용되는 제품이 많지 않아 찾아보기 어렵다는 한계가 있어요.

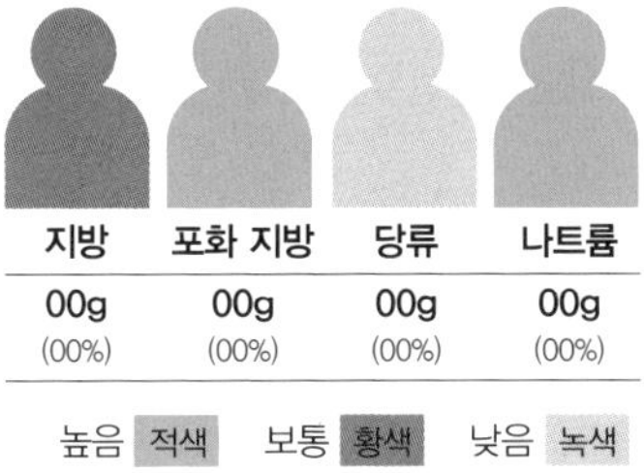

지나치기 쉽지만 중요한 정보가 또 있어요. 포장지를 살펴보면 간혹 이런 문구를 보게 되죠.

- 본 제품은 원재료 일부에 밀, 메밀, 난류(달걀), 대두, 돼지고기가 함유되어 있으니 알레르기 질환이 있으신 분은 섭취 시 주의하시기 바랍니다.
- 이 제품은 땅콩, 게, 새우, 복숭아, 토마토, 우유, 고등어를 사용한 제품과 같은 제조 시설에서 제조하고 있습니다.

현재 우리나라에서는 닭이나 오리 같은 가금류의 알, 우유, 돼지고기, 밀가루, 메밀, 땅콩, 대두, 고등어, 게, 새우, 복숭아, 토마토를 알레르기 유발 성분으로 지정하고 있어요. 그래서 제품 포장지에 반드시 표시해야 하죠. 첫 번째 문장을 보면 제품에 밀, 메밀, 달걀, 대두, 돼지고기가 들어간다는 사실을 알 수 있죠? 두 번째 문장은 제품을 만드는 시설에서 취급하는 다른 알레르기 성분을 보여 줘요.

뭐 이렇게까지 해야 하나라고 생각할지도 모르겠지만, 알레르기가 있는 당사자에게는 대단히 중요한 정보예요. 아직 알레르기에 대한 인식이 부족해서 '음식 가지고 너무 유난 떤다', '먹고 죽기야 하겠냐'라고 생각하는 사람이 있는데, 땅콩 알레르기는 근육 경련을 일으켜 실제로 사람이 죽기도 해요. 이 정도는 아니더라도 음식 알레르기는 두드러기, 복통, 설사 같은 다양한 증상을 일으키죠. 그래서 '많이 먹으면 익숙해진다'는 말로 못 먹는 음식을 강요하는 건 굉장히 위험한 일이에요. 현대의 난치병인 음식 알레르기가 있다면, 그만큼 더 많은 관심과 배려를 받아야 하니까요.

레스토랑에 별점을? 미슐랭 가이드 이야기

영화 소개 프로그램이나 잡지를 보면 별점이란 걸 주죠? 그런데 영화처럼 레스토랑에도 별을 붙이는 곳이 있어요. 레스토랑 비평 잡지인 미슐랭 가이드예요. '미슐랭 쓰리 스타 레스토랑'은 곧 세계 최고로 통할 정도로 유명한 책이죠.

미슐랭은 우리에게는 영어 발음인 '미쉐린'으로 더 친숙한 프랑스의 타이어 회사예요. 「미슐랭 가이드Guide Michelin」는 이 회사에서 매년 발행하는 레스토랑 및 관광 안내서를 말하죠. 그런데 이상하지 않나요? 왜 다른 곳도 아닌 타이어 회사에서 레스토랑 비평 잡지를 만드는 걸까요? 사실은 레스토랑 비평이 아니라 운전자를 위한 여행 안내서였기 때문이에요. 「미슐랭 가이드」는 1900년에 창간됐는데, 이때는 주유소나 정비소 위치 같은 정보를 구하기가 어려워 장거리 여행이 쉽지 않았어요. 그래서 미슐랭에서는 타이어 가는 법 같은 자동차 관리 방법과 중요한 편의 시설 정보를 담은 책자를 무료로 배포했죠. 사람들이 여행을 많이 다녀야 타이어를 빨리 바꿀 테니까요.

"이 책은 프랑스를 여행하는 운전자들에게 유용한 모든 정보를 제공하는 것을 목표로 한다. 자동차에 필요한 부품을 조달하고 차를 수리하고 묵을 곳이나 먹을 장소를 찾고, 편지를 부치거나 전신이나 전화로 연락하는 데에 유용하다." 「미슐랭 가이드」 초판은 이렇게 시작할 정도로 음식 비평과는 거리가 멀었어요. 레스토랑은 평가 대상도 아니었고 대신 호텔을 숙박 요금에 따라 별 하나, 별 둘, 별 셋으로 구분했죠. 하지만 음식을 좋아하는 프랑스답게 사람들은 호텔보다 레스토랑에 관심을 보였고, 결국 1926년부터 음식이 맛있는 호텔에 별을 주기 시작했어요. 그리고 1933년에는 영업사원이 아닌 전문 심사원이 평가하는 방식을 도입했죠. 본격적인 레스토랑 별점 비평이 시작된 거예요.

현재 「미슐랭 가이드」는 훈련받은 심사원들이 1년 동안 800곳이 넘는 레스토랑을 방문해서 보고서를 쓰고, 이 보고서를 다른 심사원들이 평가하는 방식으로 별점을 결정해요. 「미슐랭 가이드」에서 별 1개는 요리가 특별히 훌륭한 식당, 별 2개는 그 지역을 방문한다면 가 볼 만한 식당, 별 3개는 오직 요리를 맛보기 위해 그 지역을 방문해도 아깝지 않은 식당을 의미하죠. 비싸고 근사한 레스토랑이 아니더라도 음식만 맛있다면 심사 대상이 될 수 있어요.

별 3개 레스토랑은 선정되는 즉시 엄청난 명소가 되지만, 선정 확률이 0.3퍼센트일 정도로 심사가 까다로워요. 게다가 매년 재검증을 거치기 때문에 별 등급이 떨어지거나 취소되기도 하죠. 이렇게 레스토랑에 별을 붙이는 잡지를 「레드 가이드」라고 하고, 관광지에 별점을 붙이는 잡지를 「그린 가이드」라고 해요. 우리나라는 2012년 「그린 가이드」, 2017년 「레드 가이드」 서울 편이 발행됐어요. 별 3개를 받은 라연과 가온을 포함해 총 24곳이 별을 받았어요. 또 35,000원 이하의 뛰어난 음식을 선보이는 식당인 '빕 구르망'도 발표했는데, 개성 만두 궁과 이문 설렁탕 등이 선정됐어요.

여기까지 읽으면 「미슐랭 가이드」가 레스토랑 평가의 절대 기준처럼 보일지도 몰라요. 하지만 「미슐랭 가이드」는 프랑스에서 만든 음식 가이드라, 프랑스 사람들의 입맛에 맞는 레스토랑 위주로 선정되는 한계가 있어요. 프랑스 음식과 교류가 활발한 일본은 다른 나라보다 훨씬 많은 226곳이 별을 받아서 논란이 되기도 했죠. 기교와 세련미만 중시한다는 비판도 있어서 요리사가 등록을 거부하거나 별을 자진 반납하기도 해요. 그래서 「미슐랭 가이드」 대신 지역 자체 레스토랑 가이드가 더 인기인 지역도 많아요. 우리 동네 맛집은 우리가 제일 잘 아는 법이니까요.

「미슐랭 가이드」의 진짜 가치는 음식 비평을 본격적으로 시작했다는 점이에요. 음식을 예술 작품처럼 감상하고 평가하는 문화를 만든 거죠. 이 비평 문화 덕분에 투박했던 프랑스 요리는 갈수록 예술성을 더하게 되었고, 음식이 중요한 대화 주제로 자리 잡았어요. 특히 미슐랭 별을 받은 레스토랑은 그 자체가 관광 명소가 되기 때문에 국가적으로도 중요한 문제가 되었죠. 잊히는 요리와 음식 재료가 다시 주목받은 일도 늘어났어요. 이렇게 좋은 변화가 이어지면서 다른 나라에서도 음식 비평 문화를 받아들여, 「미국의 자갓 서베이Zagat Survey」나 우리나라의 「블루리본 서베이Blue Ribbon Survey」 같은 다양한 음식 비평 매체가 등장했어요. 「미슐랭 가이드」 자체가 아니라, 음식을 진지하게 대하는 태도야말로 프랑스 음식 문화의 진정한 비밀이었던 셈이죠.

식품 첨가물은 몸에 해로운가요?

오늘날 우리가 수많은 음식 상품으로 간편하게 끼니를 해결하게 된 건 식품 첨가물 덕분이에요. 현대 음식 산업의 발전은 곧 식품 첨가물의 발전이라고 할 정도죠. 전통적인 방법으로는 몇 달씩 걸리는 과정을 단숨에 끝내 버리거나, 세균 번식을 막아 음식이 썩지 않게 하고, 다양한 맛과 향을 더하는 모습은 마술처럼 보이기도 해요. 이런 놀라운 능력 덕분에 음식을 멀리까지 운반하고, 아주 저렴한 가격으로 열량을 얻는 일이 가능해졌어요. 식중독으로 죽는 사람이 줄었다는 것도 식품 첨가물의 중요한 순기능이죠.

하지만 식품 첨가물은 동시에 공포의 대상이기도 해요. 2013년 식약처는 설문을 통해 '식품안전을 위협하는 가장 큰 요인'을 조사했는데, 환경호르몬과 농약, 중금속을 제치고 식품 첨가물이 34.5퍼센트로 1위를 차지했어요. 이름만 들어도 무시무시한 위험 물질보다 매일 먹는 식품 첨가물을 더 걱정하며 살아야 한다니, 참 이상한 현실이죠? 게다가 한쪽에서는 아무 문제 없으니 안심하라고 하고 다른 쪽에서는 심각한 장애를 일으킨다고 말하고 있어요. 농약이나 중금속처럼 확실히 해롭다고 말해 주면 차라리 나을 텐데요.

식품 첨가물은 '식품을 제조·가공 또는 보존하는 과정에서 식품에 넣거나 섞는 물질 또는 식품을 적시는 등에 사용되는 물질'로 정의해요. 쉽게 말하면 식품에 들어가지만 식품은 아닌 성분이라는 거예요. 그러니 오랜 시간 경험을 통해 검증된 식품과는 달리, 안전성을 입증할 확실한 절차가 필요하겠죠? 1956년 유엔 식량 농업 기구와 세계 보건 기구가 함께 만든 국제 기구인 식품 첨가물 전문가 위원회JECFA에서 식품에 첨가할 수 있는 식품 첨가물 목록과 1일 섭취 허용량을 정해요. 1일 섭취 허용량은 '평생 매일 이만큼 먹어도 안전한' 수준을 의미하는데, 동물 실험에서 독성이 나타나지 않는 한계치인 최대 무독성량을 구한 다음 몸무게 차이를 고려해서 100으로 나누면 1일 섭취 허용량이 돼요.

그렇다고 해서 식품 첨가물이 완벽하게 안전하다는 의미는 아니에요. 과학은 안전이 아닌 위험을 입증하는 학문이니까요. 또 안전하다고 입증되었더라도 새로운 연구 결과가 나오면 기준이 바뀌기도 하죠. 실제로 빵에 넣던 산화제인 브롬산칼륨은 30년 만에 발암성이 인정되어 식품 첨가물 목록에서 제외됐어요. 화려한 색깔을 내는 타르계 색소도 처음에는 열아홉 가지였지만 지금은 아홉 가지만 허용하고 있고, 적색2호와 적색102호는 어린이 기호 식품에는 쓰지 못하도록 변경됐죠. 그리고 동물 실험 자체의 한계도 생각해야 해요. 실험용 동물과 인간의 몸은 당연히 구조가 다르니까요. 일례로 쥐는 메탄올을 많이 먹어도 아무 문제가 없지만, 사람은 시력이 손상되죠. 또 대부분의 실험은 단일 성분만 연구하기 때문에 식품 첨가물의 조합이 우리 몸에 미치는 영향을 제대로 알 수가 없어요.

다이어트는 어떻게 해야 하나요?

사악한 고열량 요리 앞에서 무수히 많은 사람을 고민에 빠뜨리고, 결국 살찌는 음식에 손을 댄 자신을 혐오하게 하는 마법의 단어. 이제는 비만인을 넘어 온 국민의 관심사가 된 다이어트죠. 음식이 주는 행복을 말하는 책에서 다이어트는 어울리지 않을지도 몰라요. 하지만 수많은 사람의 식단을 다이어트 방법이 결정하는 만큼, 꼭 짚고 넘어가야 하는 주제일 거예요.

살을 빼려는 사람들의 노력은 어찌나 처절한지 눈물이 날 정도죠. 양배추를 오래 삶아 고약한 향이 나는 수프도 다이어트에 도움이 된다면 돈을 주고서라도 먹는 음식이 돼요. "건강을 위해 맛을 포기한다!"라고 외치는 소리가 들리는 듯하죠. 그런데 이상한 점이 있어요. 이렇게 혹독한 노력을 하는데도 어째서 우리의 다이어트 고민은 끝나지 않을까요? 확실하게 살을 빼 준다는데 왜 새로운 다이어트가 끝없이 유행하는 걸까요?

다이어트에 대한 통계를 살펴보면 이런 현실을 실감할 수 있어요. 2014년 서울, 부산, 광주 등 6대 도시 20대 여성 500명을 대상으로 한 중앙일보 설문조사에서 응답자 82퍼센트는 다이어트 경험이 있고, 58퍼센트는 지금도 다이어트 중이라고 했어요. 19.6퍼센트는 하루에 한 끼만 먹는다고 응답했죠. 패션 매거진 엘르가 2014년 42개국 2만 3,400명의 19~54세 여성들을 대상으로 한 외모 만족도 조사에서 우리나라는 39위를 차지했어요. 또 한국 보건 사회 연구원의 보고서에 따르면 19~24세 여성은 저

체중 비율이 17.5퍼센트나 되고, 영양 섭취 부족 비율도 다른 연령대의 두 배가 넘는 25.6퍼센트를 기록하죠.

청소년도 상황은 비슷해요. 2010년 청소년 건강 실태 조사에서는 응답자 46.7퍼센트가 지난 1년간 다이어트를 시도했고, 40퍼센트는 정상 체중인데도 자신이 비만이라 생각한다고 말했어요. 또 학년이 올라갈수록 외모 만족도가 떨어지고 극단적인 체중 감량을 자주 시도하죠.

이렇게 외모로 고민하는 사람이 많다 보니 새로운 다이어트 방법은 계속 개발되고 있어요. 지금까지 기록된 다이어트 방법만 2만 7천 개가 넘어요. 하나만 먹는 원푸드 다이어트, 단백질만 먹는 황제 다이어트, 1일 1식 다이어트, 혈액형 다이어트, 덴마크 다이어트, 레몬 디톡스 다이어트처럼 식단을 엄격하게 제한하는 방법은 물론, 자는 동안 지방이 저절로 분해되고 독소가 제거된다는 전 세계 의학계가 발칵 뒤집힐 주장을 하는 상품도 많죠.

평생 살아갈 몸을 만드는 성장기에는 충분하고 균형 잡힌 영양 섭취가 대단히 중요해요. 건물은 기초가 튼튼해야 그 안에서 안심하고 살 수 있겠죠? 그래서 이런 극단적인 다이어트는 장기적으로 보면 여러분의 행복을 크게 방해해요. 게다가 '한 달에 20킬로그램 감량'해 준다는 마법의 약을 먹고 갑상선 항진증에 걸리거나, 인터넷으로 살 빼는 약을 샀는데 펜타민이라는 성분이 있어 10대 청소년 4명이 졸지에 마약 사범이 된 사례도 있어요. 펜타민 성분이 들어간 제품은 향정신성 의약품이라 의사 처방전 없이 구매하면 '마약류 관리에 관한 법률'에 저촉돼요. 이제 다이어트가 여러분의 삶을 위협하는 수준에 이른 거죠.

하지만 청소년은 자기 외모에 관심이 많을 수밖에 없어요. 그래서 하루에 800~1,200칼로리만 먹는다는 소녀시대 다이어트 같은 정보에 혹하게 되죠. 소녀시대 본인들도 아니라고 했지만, 한 끼에 400칼로리가 정량이라며 식단까지 추천해 주는 블로그가 수두룩해요. 이런 식의 영양 제한 다이어트는 체중이 다시 찌거나 더 늘어나는 요요현상이 오기 쉬워요.

연구에 따르면 다이어트를 한 사람이 2년 뒤 체중을 유지하는 비율은 5퍼센트도 안 된다고 해요. 95퍼센트는 또다시 다이어트를 할 테니, 다이어트 산업은 번창할 수밖에 없겠죠? 건강한 사람들은 다이어트를 시도하지 않을 테니 완벽한 체중 감량 방법이 나와도 문제일 테고요.

현대 다이어트 산업은 단기간에 살을 뺐다가 다시 찌기를 반복하는 생활을 유도해요. 우리 몸은 충분히 먹지 못하면 위기 상황이라고 판단해 지방을 더 축적해요. 또 힘이 없어 운동을 못 하니 근육은 더 줄어들죠. 결국 다이어트를 반복할수록 살이 잘 찌는 이상한 상태가 돼요. 게다가 더 큰 문제는 자존감이 낮아진다는 사실이에요. '돼지같이 먹기만 하다니', '의지가 약해서 또 살이 쪘어', '이런 날 누가 사랑해주겠어' 같은 생각 때문에 자기가 생각하는 자기 모습이 형편없어지죠. 자존감이 낮아지면 스트레스가 심해지고, 스트레스가 심해지면 빨리 이 기분 나쁜 상황에서 벗어나고자 자극적인 음식을 찾게 되죠. 그래서 다이어트 방법은 점점 과격해지고 자존감은 낮아지는 데 살은 더 찌는 끔찍한 악순환이 반복돼요.

"그래도 살을 빼려면 나 자신을 다그쳐야 하지 않나요?"라고 말할지도 모르겠네요. 그런데 재미있는 연구 결과가 있어요. 미국의 심리학자 클레어 애덤스와 마크 리어리 교수는 체중 관리를 하는 여성들을 모아 고열량 음식을 잔뜩 먹게 했어요. 실험을 핑계로 마구 먹었으니 다들 죄책감에 시달렸겠죠? 연구진은 집단을 나눠 한쪽에는 "인간은 누구나 이런 실수를 한다"고 위로했고, 다른 쪽에는 아무 말도 하지 않았어요. 그런 다음 사탕을 주고 얼마나 먹는지 관찰했어요. 결과는 어땠을까요? 위로받은 집단은 평균 섭취량이 28그램이었는데, 다른 집단은 무려 70그램이었어요! 죄책감이라는 불쾌한 기분에서 벗어나려고 단 음식에 더 끌렸던 거죠. 일반적인 생각과는 달리, 다이어트에는 비난보다 공감이 훨씬 효과적이에요.

그래서 행복한 다이어트의 첫 번째 비결은 '다이어트를 하지 않는다'예요. 무슨 황당한 소리냐고요? 하지만 최근 연구를 보면 다이어트를 일찍 시작할수록 체중이 오히려 늘고, 점점 극단적인 체중 감량을 시도한다고 해요. 말 그대로 다이어트를 하지 않는 게 최고의 다이어트인 셈이죠. 대신 필요한 건 '나의 아름다움은 내가 판단한다'고 말하는 건강한 자존감이에요. 우리는 자연 상태에서는 누구나 자신을 좋아해요. 어린아이들은 모두 자기가 예쁘다고 하죠? 그런데 지금은 텔레비전에서 아름다운 모습을 정해 주고, 거기에 맞지 않으면 넌 못생겼으니 당장 뜯어고치라고 말하죠. 이렇게 다른 사람의 외모에 대해 함부로 말하는 비공감 사회야말로 비만의 진짜 원인이에요. 다른 사람에게 뚱뚱하다는 말을 들으면 스트레스 때문에 오히려 살이 찌기 쉽고, 특히 가족이 체중을 가지고 놀리면 섭식 장애에 걸리기 쉽다는 연구 결과도 있어요.

이런 환경 속에서 행복을 지키려면, 누가 뭐래도 나는 아름답다는 신념을 잘 지켜야 해요. 물론 남을 신경 쓰지 않고 아무렇게나 살아도 된다는 얘긴 아니에요. 다만 '나는 못났으니 나 자신을 뜯어고쳐야 해'라는 생각보다는, '나는 소중한 사람이니 잘 가꾸고 돌봐 줘야 해'라는 마음가짐이 훨씬 효과적이란 뜻이에요. 게다가 자신을 싫어하는 다이어트는 성공해도 문제가 생기죠. '역시 사람들은 내 진짜 모습은 싫어해. 살이 찌면 다시 욕할 거야'라고 생각하게 되니까요. 하지만 나를 좋아하는 다이어트는 남들의 평가와는 상관없이, 나 자신을 받아들이는 행복을 선사해요. 이렇게 행복이 채워지면 스트레스와 폭식의 악순환에서 벗어날 수 있죠.

두 번째 방법은 '내 마음과 만나는 식사'예요. 거창한 건 아니에요. 그저 내가 지금 무엇을 먹는지, 맛과 향은 어떤지, 씹으면 어떤 느낌이 드는지 세심하게 느껴 보는 거죠. 음식뿐만 아니라 내 마음을 느껴 봐도 좋아요. 내가 지금 정말로 배가 고픈 건지, 아니면 음식이 주는 위로가 필요한지 살펴보세요. 힘들 때, 슬프거나 외로울 때, 화가 날 때 먹고 싶은 음식이 다 다를지도 몰라요. '살찌니까 먹으면 안 돼'라고 생각하면 오히려 음식이 계속 생각나지만, 내 감정을 확인해 보면 신기하게도 음식 생각이 사라지곤 하죠. 내게 필요한 건 과자나 아이스크림이 아닌 공감과 위로임을 알게 되니까요.

마지막 방법은 미디어 다이어트예요. 텔레비전이나 패션 잡지, 인터넷

연예 뉴스 같은 미디어를 2~3주 정도 끊거나 줄이는 거죠. 살 빼는 거랑 무슨 상관인지 잘 모르겠죠? 하지만 실제로 남태평양에 있는 섬인 피지에 텔레비전이 보급되자 자기 몸에 아무 불만 없던 청소년들이 다이어트를 하기 시작했고, 몇 년 뒤에는 섭식 장애 환자가 미국 청소년과 비슷한 수준이 됐다고 해요. 미디어가 보여 주는 가공된 이미지에 익숙해지면 미의 기준이 비현실적인 수준이 되고, 결국 아무리 살을 빼도 자기 모습에 만족하지 못하게 돼요. 쉽진 않겠지만, 한 달만이라도 '못생기면 이런 대접을 받는다'는 협박에서 벗어나 보는 것도 나쁘진 않을 거예요.

사실 많은 전문가가 추천하는 다이어트 방법은 한결같아요. 균형 잡힌 식생활과 규칙적인 운동, 충분한 수면, 적절한 스트레스 관리죠. '나는 아름다운 존재다'라는 마음을 잊지 않길 바라요.

3부

행복한 세상을 만드는 식탁

01

음식으로 세상을 바꾸는 사람들

잃어버린 행복을 찾아서

지금부터는 시야를 조금 넓혀, 음식으로 우리가 사는 세계를 만나 보기로 해요. 정말 맛있는 음식은 소중한 누군가와 나눠 먹고 싶죠? 행복의 멋진 속성 때문에 일어나는 자연스러운 현상이에요. 그러니 음식을 통해 세상을 만난다면, 전 세계 사람들과 행복을 나눌 수 있어요. 밥을 안 먹는 사람은 없으니까요. 게다가 내 덕분에 지구가 좀 더 행복한 곳이 된다면, 이보다 즐거운 일은 없을 거예요.

이제까지 음식이 상품이 되면서 여러 문제가 생겼다는 이야기를

비빔밥. 한국을 방문하는 외국인들이 즐겨 찾는 세계적인 음식이다.

나눴죠. 이런 흐름에 반기를 들고, 음식이 주는 행복을 되찾겠다고 선언하는 사람이 늘고 있어요. 다시 채소를 기르고, 직접 요리하고, 사람들을 불러 모아 함께 밥을 먹겠다는 거예요. 이상한 일이죠. 여러 학자는 농부와 요리사가 점점 사라지리라 생각했으니까요. 앞으로는 집에서 주방이 사라질 거라 말하기도 하고요. 공상 과학 소설에 나오는 얘기가 아니에요. 컴퓨터로 주문하면 버거 로봇이 햄버거를 만들어 포장까지 해 주는 무인 패스트푸드 가게가 이미 개발 중이죠. 농업에도 로봇이 적극적으로 도입되고 있어요. 또 우리나라는 저렴한 가격을 내세운 수입 식품에 밀려 농업 자체가 사양 산업 취급을 받죠. 당장 부모님께 장래 희망이 농부라고 말하면 분위기가 썩 좋진 않을 거예요.

그런 점에서 불편한 삶으로 돌아가자는 운동이 시대착오적이라 말하는 사람도 있어요. 하지만 어찌 된 일인지, 음식은 오히려 점점 더 귀한 대접을 받고 있어요. 스타 쉐프들이 등장하면서 요리사가 연예인 부럽지 않은 인기 직업으로 부상했죠. 그냥 하루하루 먹고사는 모습을 보여 주는 방송이 인기 프로그램으로 자리 잡았어요. 또 집에서 요리하기 힘든 사람들을 위해 레스토랑 주방을 빌려주는 회사도 생겼어요. 독일에서는 아예 길거리에 냉장고와 간이 조리대를 설치해, 기부받은 음식 재료로 맛있는 요리를 만들어 주는 푸드 쉐어링 운동이 한창이에요. 대형 마트에 밀려 사라져가던 농산물 시장은 청년들이 꿈을 펼치는 근사한 공간으로 변신 중이고요.

이런 일들은 모두 빼앗긴 행복을 되찾으려는 인간의 본능적인 행동일지도 몰라요. 즐거운 혁명이라 할 수 있겠죠? 음식 산업 덕분에 삶이 편해지긴 했지만, 더 행복해지진 않았다는 사실을 깨달은 사람들. 저렴한 패스트푸드 대신 느리고 귀찮은 음식에서 행복을 찾는 사람들. 돈을 많이 벌기보다 나누는 즐거움을 선택한 사람들. 음식으로 조용한 혁명을 즐기는 이런 사람들을 만나 볼까요?

우리 같이 밥 먹어요

2011년 미국 포틀랜드에서 살던 네이선 윌리엄스는 정원에서 이웃과 식사를 즐기는 사진을 블로그에 올렸어요. 그리고 그의 라이프스타일이 마음에 든 작가, 화가, 농부, 요리사 40명이 모여 작은 모임을 만들었죠. 특별한 일을 한 건 아니었어요. 그저 텃밭에서 식물을 키우고, 음식을 함께 먹으면서 느긋하게 이야기를 나누는 정도였죠. 그러다 행복을 나눠 주고 싶었는지, 직접 찍은 사진과 글을 모아 잡지를 만들기로 했어요. 친족이라는 뜻인 '킨포크Kinfolk'라는 이름으로 나온 이 잡지는 뜻밖에도 엄청난 인기를 끌었죠. 느리고 소박한 삶을 원하는 사람들이 몰려들어 하나의 문화 현상이 된 거예요. 킨포크 현상은 비싼 레스토랑에서 유명 쉐프가 만든 음식이 아니라, 공원에서 돗자리 펴놓고 친구들과 함께 먹는 음식을 세련된 삶의 상징으로 만들었어요.

일본에서는 밤에만 문을 여는 식당을 무대로 한 만화 『심야식당』이 큰 인기를 끌었어요. 식당에 오는 손님들의 이야기를 담담히 풀어낸 작품인데, 예상을 뛰어넘는 반향 덕분에 드라마와 영화까지 나왔죠. 이 작품은 식당에서 같이 밥을 먹으면서 제2의 가족을 이루는 사람들을 잘 보여 줘요. 일본도 혼자 사는 사람들이 늘면서 누군가와 속 깊은 대화를 나누기가 어렵다고 해요. 깊은 관계를 맺으려면 자주 만나야 하는데 그러기가 힘드니까요. 그래서 단골손님끼리 꾸준히 만나는 작은 식당이 일종의 공동체 역할을 한다고 해요. 즐거운 대화와 따듯한 만남이 음식의 맛과 가격 못지않은 경쟁력이 된 셈이죠.

심각한 사회 문제의 해법으로 이웃과의 식사를 선택한 나라도 있어요. 1990년 프랑스에서는 혼자 살던 노인이 사망한 지 두 달 만에 발견됐어요. 더는 우리에게도 낯선 일이 아닌, 노인 고독사 사건이 발생한 거죠. 같은 아파트 주민이었던 구청 의원은 소식을 듣고 이대로는 안 되겠다고 생각했어요. 그래서 5월 마지막 금요일을 '이웃의 날'로 정해, 같은 건물에 사는 사람이 모여 함께 식사하자고 제안했어요. 동네 곳곳에 식탁을 놓고 음식을 가져와 함께 먹자는 얘기였어요. 고독사 문제의 해법치고는 너무 소소하지 않나요? 하지만 효과는 굉장했어요. 구청에서 시작한 이 행사가 2년 만에 백만 명이 참가하는 대형 축제로 발전했으니까요. 그리고 지금은 유럽은 물론 미국과 일본, 호주, 아프리카에서도 이웃의 날을 기념하죠. 거창한 정책보다 함께 하는 식사가 훨씬 효과적인 해결책이었으니까요.

우리나라에서도 같이 밥 먹자는 운동이 주목받고 있어요. 모르는 사람들끼리 모여 식사하는 소셜 다이닝함께 먹기이란 말이 유행하고, 각자 음식을 가져와서 나눠 먹는 포트럭 파티 문화도 퍼지고 있죠.

밥 먹는 문화는 다양한 공동체를 만드는 토대 역할을 하고 있어요. 쉽게 말하면 같이 밥 먹으면서 친해진 사람들이 '이런 거 해 보면 어떨까?'라고 의기투합하는 거죠. 음식을 만드는 재미에 빠져 직업까지 바꾼 사람들이 모여 작은 기업을 만들기도 해요. 우리만 먹지 말고 배고픈 사람들과 함께 먹자는 의견이 봉사단체를 만들기도 하죠. 밥 먹으면서 서로 고민을 나누다 아예 심리치료 전문가를 초대해 이야기를 나누기도 하고요. 또 밥상에서 진지한 토론을 벌이다 인문학 공부 모임을 만드는 사람도 있어요. 사실 요즘은 강연회라는 뜻으로 쓰는 심포지온Simposion은 원래 '함께 마시다'라는 뜻이에요. 그런 점에서 보면 지루한 암기 대신 먹고 마시며 떠들다 보면 자연스럽게 공부가 되는, 즐거운 공부 문화의 부활이라 불러도 되겠죠.

돈이 되기는커녕 오히려 돈을 내야 하고, 흔히 말하는 스펙 쌓는 데 도움도 안 되는 이런 모임이 인기를 끄는 이유는 뭘까요? 참가한 사람들은 나이, 이름, 연봉 같은 스펙을 밝히지 않고 모임 주제에만 집중하는 분위기가 좋다고 말해요. 나 자신을 다른 사람들이 원하는 모습으로 포장할 필요가 없고, 어떠한 강요도 없이 내가 하고 싶은 일을 할 수 있으니 당연히 인기가 있겠죠. 요즘에는 경쟁이 너무 치열해지다 보니 순수한 즐거움을 느끼기 어려워요. 사회가 어렵다 보니 아무 걱정 없이 내가 좋아하는 일을 하기가 쉽지 않죠. 그러니 누군가와 함께 맛있는 음식을 먹는다는 순수한 즐거움은 갈수록 귀한 대접을 받을 거예요.

마을의 부활을 꿈꾸는 사람들

같이 밥 먹는 수준에서 한 걸음 더 나아가 마을을 되살리는 사람도 있어요. 언젠가부터 '마을'이나 '잔치' 같은 말을 듣기가 쉽지 않죠? 축하할 일이 생기면 소나 돼지를 잡아 온 동네 주민과 나눠 먹는 풍경은 이제 드라마에서나 볼 수 있어요. 그런데 음식으로 다시 이런 삶을 살아 보자는 목소리가 부쩍 늘었어요. 그리고 즐거운 마을을 만들자는 이런 움직임은 마을 공동체라는 중요한 사회 현상으로 발전했고요.

마을 공동체는 도시화를 거치면서 사라진 지역 공동체를 복원하는 모임이에요. 그렇다고 예전처럼 마을 주민이라면 무조건 참여해야 하는 개념이 아니라, 원하는 바가 비슷한 사람들끼리 모이는 자발적인 공동체예요. 그런데 오래가는 마을 공동체는 공통점이 있어요. 사람들의 관계가 아주 돈독하다는 거예요. 그리고 대체로 같이 모여 밥을 먹으면서 친해진다고 해요. 아예 주민들이 직접 마을 카페나 식당을 운영하는 곳도 많고요.

우리나라에서 가장 대표적인 마을 공동체는 서울 마포구에 있는 성미산 마을이에요. 아이들을 위한 대안 교육을 꿈꾸는 사람들이 모여 만든 곳인데, 이제는 동네 주민들이 학교, 카페, 극장까지 만들었어요. 서울 강북구에도 삼각산 재미난 마을이란 마을 공동체가 있는데, 경쟁 중심 사회에서 벗어나 함께 재미난 삶을 꿈꾸는 곳이에요. 이곳에

추석에 가족이 모여 앉아 송편 빚는 모습 (1957년).

도 사람이 모여 책도 읽고, 취미 생활도 하고, 재능 기부 수업도 진행하는 마을 카페가 사랑방 역할을 톡톡히 하고 있어요.

최근에는 젊은이들이 한집에 모여 공동체를 이루기도 해요. 인천 검암동에는 '우리 동네 사람들'이란 주거 공동체가 있어요. 귀촌을 꿈꾸던 청년 6명이 돈을 모아 방 3개짜리 빌라에서 함께 살면서 시작된 곳이에요. 지금은 35명 정도가 6채의 집에서 살고 있고, 더 많은 사람과 즐겁게 어울리고 싶어서 '커뮤니티펍 0.4km'라는 마을 술집까지 만들었어요. 밥상 모임이나 독서 모임 같은 유쾌한 행사가 가득한 곳이죠.

혼자 사는 사람끼리 모여서 재미있게 놀고 건강도 챙기면 어떨까요? 이런 생각을 실천으로 옮긴 곳이 바로 '이웃 랄랄라'예요. 이름만 들어도 유쾌한 기분이 들지 않나요? 여러분도 자취해 보면 알겠지만, 혼자 살면서 요리를 하는 건 쉬운 일이 아니에요. 뒷정리와 설거지도 귀찮고, 결국 버리게 되는 재료가 많아 대부분 사 먹게 되죠. 그러다 보니 신선 식품을 먹지 못하고 식사 시간도 불규칙해 건강을 해치기 일쑤죠. 몸이 갑자기 아파도 챙겨 줄 사람이 없어 더 위험하기도 하고요. 이웃 랄랄라는 이런 문제를 해결하고자 도시에서 함께 텃밭을 가꾸는 공동체를 제안했어요. 함께 채소와 과일을 키우고 나눠 먹는 이웃을 만들자는 취지죠. 농사라는 취미 생활도 즐기고, 건강도 챙기고, 힘들 때 의지할 사람도 생기니 1석 3조가 아닐까요.

또 전통 시장이 마을 공동체의 중심으로 탈바꿈하기도 하죠. 여러분도 전통 시장에 가 본 적은 많지 않을 거예요. 크고 편리한 대형 마트에 밀려 점점 사라지는 공간이니까요. 하지만 맛있는 음식과 유쾌한 만남을 즐길 수 있는 공간이기에, 최근 들어 전통 시장이 새로운 마을 공동체의 장으로 화려하게 부활하기도 해요.

즐겁게 놀고 이웃도 돕는 음식 나누기

같이 밥 먹는 사람들은 봉사 문화도 바꾸고 있어요. 봉사라고 하면 불쌍한 이웃을 위해 힘든 일을 마다하지 않는 사람들이 떠오르지 않나요? 물론 대단히 가치 있는 일이지만, 봉사하는 사람이 애쓰고 희생하지 않으면 안 될 것 같아요. 힘든 이들을 위해 내 귀한 시간과 에너지를 투자해야 하죠. 그래서 봉사 점수 같은 보상이 없으면 딱히 할 마음이 나지 않아요. 하지만 함께 밥을 먹자는 운동은 느낌이 매우 달라요. 한쪽이 일방적으로 희생하는 대신, 서로 가진 걸 나누는 느낌이랄까요? 모두가 즐겁다 보니 봉사라는 말보다 파티나 축제라는 말이 더 어울리는 행사도 많죠.

유럽에서는 디스코 수프Disco Soup라는 음식 나눔이 인기몰이 중이에요. 디스코라는 이름부터 벌써 흥겹지 않나요? 마트나 호텔, 식당 같은 곳에서 버리는 멀쩡한 재료로 수프 같은 음식을 만들어 나눠 먹는 행사예요. 참가 방법도 간단해요. 일단 현장에 가서 DJ나 밴드가 들려주는 음악을 들으며 열심히 재료를 손질해요. 그러다 음식이 완성되면 나눠 먹기만 하면 되죠! 어차피 버릴 음식으로 즐거운 마을 잔치를 즐길 수 있으니 일거양득인 셈이에요. 이런 장점 때문에 디스코 수프는 전 세계로 확산 중이죠. 미국에서는 5,000명 먹이기Feeding the 5000라는 행사에서 마찬가지로 버리는 농산물을 모아 수프를 끓였는데, 정말로 5,000명이 먹고도 남았다고 해요. 영국에서는 브릭스톤 피플스 키친The Brixton People's Kitchen이 있죠. 지역 공원에 자전거를 고쳐 만든 간이 주방을 설치해, 기부받은 음식 재료로 음식을 만들어 주민들과 나누는 행사예요. 어찌나 인기가 많은지 음식을 나눌 참신한 아이디어를 뽑는 공모전까지 진행했다고 해요.

우리나라에서는 소셜 다이닝 회사 집밥에서 "못생겨도 맛만나요"라는 행사를 진행했어요. 당시 감자 농사가 매우 잘 돼서 감자 가격이 폭락했고, 너무 작거나 못생긴 감자는 시장에 내다 팔지도 못하게 됐어요. 그래서 시민들이 모여 못생긴 감자로 카레를 끓여 나눠 먹었어요. 덕분에 버릴 뻔했던 감자 40킬로그램으로 400명이 맛있는 식사를 했어요. 환경 보호도 하고 농민도 도우면서 이웃과 즐거운 시간까지 가질 수 있으니, 이보다 좋은 봉사 활동이 있을까요?

또 스마트폰이나 컴퓨터로 언제 어디서나 편리하게 음식을 나누는 서비스도 많아요. 영국의 캐서롤 클럽Casserole Club이란 사이트는 맛있는 요리를 나누고 싶은 사람과 집밥을 먹기 어려운 사람을 연결하죠. 요리를 좋아하는 데 먹어 줄 사람이 없어 고민이라면, 누구나 요리사로 등록해 손님을 초대할 수 있죠. 가정식이 그리운데 집에 주방이 없다면 같이 밥 먹자고 제안하면 되고요. 덕분에 일주일이나 한 달에 한 번씩 정기적으로 만나는, 작지만 즐거운 공동체가 늘고 있어요. 요리 대신 직접 키운 음식 재료를 나누고 싶은 사람들은 모푸즈Mo'Foods를 이용해요. 요즘 아파트 베란다, 건물 옥상이나 주말농장에서 농사를 짓는 사람이 제법 있죠? 그런데 조그마한 텃밭도 생각보다 수확량이 많아서 혼자 먹기엔 무리예요.

이럴 때 음식 공유 사이트를 이용하면 버리는 음식도 줄이고, 다양한 재료도 구하고, 같은 취미를 즐기는 사람도 만날 수 있겠죠. 그런데 요리도 할 줄 알고 재료도 있는데 부엌이 없다면 어떨까요? 이럴 때 함께 쓰는 공동 부엌을 빌려주는 셰어 키친Share Kitchen을 이용하면 돼요.

사람은 즐겁고 행복할 때 제일 창의적이라고 해요. 이를 증명이라도 하듯, 같이 밥 먹는 즐거움은 참신한 나눔 문화를 만들기도 하죠. 대표적인 문화는 서스펜디드 커피Suspended Coffee예요. 맡겨 둔 커피라는 뜻으로, 경제적으로 여유가 있는 사람이 자기보다 형편이 어려운 사람들이 커피를 마실 수 있도록 커피 값을 가게에 미리 내주는 거예요. 우리나라에서는 미리 낸다는 뜻을 살려 미리내 커피라고 부르기도 하죠.

테이블 포 투Table For Two 프로그램도 비슷한 방법으로 음식을 나눠요. 이 프로그램은 선진국 사람들은 비만으로 고생하는데 가난한 나라의 사람들은 굶주리는 모순을 해결하고자 음식의 열량을 나누죠. 테이블 포 투 식당에서 열량이 낮은 건강 메뉴를 선택하면 가난한 나라 아이들의 학교 급식비가 적립되는 식이에요. 거리는 멀지만 두 사람이 함께 먹는 셈이니 두 사람을 위한 식탁이 되는 거죠. 식당이나 카페에 들리기만 해도 누군가에게 음식을 기부할 수 있는, 나눔을 우리의 일상으로 만드는 멋진 아이디어예요.

밭을 가꿨더니 어느새 환경 운동가?

음식을 만들고 나누는 수준을 넘어, 아예 음식 재료를 직접 키우는 사람도 꾸준히 늘고 있어요. 음식의 소비자가 아닌 생산자가 되는 거죠. 도시 중심의 사회가 되면서 농사는 우리와 먼 이야기가 되었어요. 여러분도 공부하라는 말은 많이 들었지만, 농작물을 키워 보라는 말은 거의 듣지 못했을 거예요. 가까운 가게에만 가도 온갖 채소가 가득한데 왜 사서 고생하겠어요? 그런데 기꺼이 이런 수고를 하는 사람들이 나타났죠. 그것도 젊은 청년들이에요. 예전에는 귀농이라고 하면 은퇴한 어르신들이 시골에 내려가 소일거리로 농사짓는 모습이 떠올랐죠. 하지만 지금은 젊은 농부가 속속 등장해 창의적인 농업을 선보여요. 그리고 시골에 내려가지 않고도 누구나 어디서든 농사에 도전할 수 있음을 증명하고 있죠.

작은 밭과 논이 늘어나면 그만큼 녹색 땅도 넓어지겠죠? 조그마한 텃밭이 뭐 그리 중요하냐고 하겠지만, 녹지 면적은 생각보다 중요한 문제예요. 농림 수산 식품부 자료로는 1995년~2012년 사이에 농업 인구는 40퍼센트 감소, 농경지 면적은 13퍼센트, 논 면적은 20퍼센트가 줄었다고 해요. 곡물 자급률도 1959년 100퍼센트에서 2012년에는 23.6퍼센트까지 떨어졌죠. 예전에는 우리나라에서 나는 곡물로 충분했지만, 지금은 4분의 3을 외국에서 수입해야 한다는 뜻이에요. 또 도시의 녹색 땅은 공기를 정화하고 스트레스를 낮추는 쉼터 역할

도시 한복판에서 짓는 벼농사.

도 해요. 그래서 세계 식량 농업 기구는 1인당 공원 면적이 9.0제곱미터 이상이어야 한다고 권장하죠. 하지만 우리나라 서울은 4.53제곱미터로 절반 정도 수준에 그치고 있어요. 사람들의 행복도가 낮은 것도 당연하지 않을까요? 그런 점에서 농사를 통해 녹색 땅을 늘리는 이들은 모두 훌륭한 식량 생산자이자 환경 운동가예요.

도시 농업이 바꾼 나라의 운명

도시 농업은 한 나라의 운명을 바꾸기도 해요. 가장 대표적인 나라는 쿠바예요. 냉전 시대에 쿠바는 소련의 원조에 의지해 살았죠. 하지만 소련이 해체되면서 원조량이 크게 줄었고, 결정적으로 1990년대 초반 미국의 경제 봉쇄가 시작되면서 극심한 식량 위기를 겪었어요. 쿠바에 들어간 배는 6개월 동안 미국에 들어가지 못했으니, 모든 나라가 쿠바와의 무역을 꺼리게 됐죠. 한 번 상상해 보세요. 식자재를 나르는 차가 들어가지 못해 마트, 식당, 편의점이 모두 문을 닫은 풍경을요. 수입 물자에 의존하던 쿠바는 하루아침에 그런 처지가 됐어요. 당연히 사람들의 삶은 엉망이 됐어요. 설상가상으로 석유가 없어 농기구는 쓰지도 못했고, 비료도 부족해 농업 생산량이 크게 떨어졌죠. 사료와 백신이 없어 가축들은 굶어 죽거나 병들어 죽었어요. 정부의 식량 배급도 갈수록 줄어들어 국민 평균 체중이 3년 동안

9킬로그램이나 줄었다고 해요.

이런 위기 속에서 쿠바 정부가 찾은 유일한 해법은 도시 농업이었죠. 석유 부족으로 자동차가 다니지 못하니 가까운 데서 식량을 생산해야 했고, 가축을 키우기 어렵다 보니 축산물보다는 농산물이 제격이었으니까요. 그런데 중요한 문제가 있으니, 밭은 어디에 만들어야 할까요? 도시가 아스팔트 숲인 건 쿠바도 마찬가지였죠. 하지만 사람들은 포기하지 않고 도시의 자투리 공간에 주목했어요. 주차장이나 공터처럼 조금이라도 안 쓰는 공간이 있다면 돌이나 합판으로 둘레를 친 다음 흙을 넣었죠. 이렇게 만든 밭을 '오가노포니코Organoponico'라고 해요. 크기는 작지만, 사람들이 사는 곳과 가까이에 있어 관리하기 쉽다는 장점이 있죠. 게다가 농약과 화학 비료가 없으니 유기 농업을 할 수밖에 없었어요. 음식물 쓰레기로 비료를 만들고, 개미로 해충을 잡고, 지렁이로 땅을 비옥하게 하고, 한 밭에 다양한 채소를 심는 등의 유기농법을 총동원한 거죠.

오가노포니코는 점점 늘어나, 쿠바의 수도 아바나에서는 도시 면적의 40퍼센트가 농지로 변했어요. 지금은 도시 농장과 텃밭이 8,000개가 넘고 도시 농부는 3만 명에 이른다고 해요. 아바나 시민들이 소비하는 식량의 90퍼센트를 도시와 인근 지역에서 생산할 정도니까요. 덕분에 쿠바 전체의 식량 자급률도 100퍼센트에 가까워졌죠. 수입 농산물이나 원조에 의존하지 않아도 되니, 외국의 눈치를 볼 필요도 없어졌어요. 사람들의 생활에도 많은 변화가 찾아왔어요. 바로 근처에서 수확한 신선한 채소를 먹을 수 있으니, 식량 위기 이전보다 채소 섭취량이 크게 늘었어요. 자동차 대신 자전거를 타고 오가노포니코에 들러 농작물을 수확해 먹는 풍경은 이제 일상이 되었죠.

무엇보다도 도시 농업은 아바나를 세계에서 손꼽히는 생태 도시로 만들었어요. 앞에서 아바나의 농지 비율이 40퍼센트라고 했죠? 이 중 60퍼센트가 유기농법으로 농작물을 키운다고 해요. 오랜 세월 축적된 사람들의 경험과 실력도 무시 못 할 자원이고요. 덕분에 아바나는 유기농법을 배우고 싶은 사람들이 전 세계에서 몰려드는, 도시와 시골의 장점이 결합된 관광 명소로 발전했어요. 어쩔 수 없이 선택한 도시 농업이 도시의 최고 매력이 된 거예요.

한편 필리핀은 농업에 있어 정반대의 길을 선택했어요. 1960년대만 해도 필리핀은 세계 최대 쌀 생산국이었죠. 논둑을 다 이으면 지구 반 바퀴가 넘을 정도였으니까요. 드넓은 곡창 지대에서 1년에 3모작은 기본이었고 4모작까지 가능했어요. 한 해 쌀 수확을 3번이나 4번 한다는 뜻이에요. 덕분에 1인당 농업 생산성이 아시아 평균의 6배에 달했어요. 이렇게 축복받은 자연환경 덕분에 식량 자급은 당연한 일이었고, 남는 쌀을 기근에 시달리던 우리나라에 무상으로 주기까지 했죠. 패스트푸드 전문점에서 세트 메뉴를 시키면 밥이 나올 정도로, 쌀은 필리핀 사람들의 식생활을 책임지고 있어요.

그런데 지금 필리핀은 세계에서 쌀을 가장 많이 수입하는 나라가 됐어요. 농업 생산성은 우리나라의 10분의 1 수준으로 떨어져, 한국 농부들이 오히려 필리핀에서 농사를 가르쳐 주고 있죠. 수입 쌀에 의존하다 보니 2008년에는 심각한 식량 위기를 겪기도 했어요. 당시 전 세계 식량 가격이 급등하자 쌀 수출국들은 자국 식량 확보를 위해 쌀 수출을 금지했어요. 그러자 쌀 가격은 2배 가까이 뛰었고, 필리핀은 너무 비싸 쌀을 수입하지 못하는 처지가 됐죠. 발등에 불이 떨어진 정부는 이웃 나라 태국에 가서 쌀을 수출해 달라고 사정하고, 쌀 배급제를 시행하고, 1조 원에 가까운 돈이 들어가는 식품 자급자족 계획을 발표했어요. 하지만 필리핀 국민들은 배가 고파 새벽부터 줄을 서야 했어요. 화가 난 나머지 거리로 나가 정권 퇴진 운동을 벌이기도 했고요. 계산해 보니 2008년 쌀을 수입한 비용이 지난 10년간 농산물을 수출해서 얻은 수입과 비슷했다고 해요.

세계적인 쌀 수출국이 어쩌다 이렇게 된 걸까요? 90년대 초반 필리핀 정부는 농업에 대한 투자를 절반 수준으로 줄였어요. 자국 쌀이 차고 넘치는 데다 모자라면 저렴한 수입 쌀을 사 먹으면 되니, 다른 산업에 투자하는 게 낫다고 판단했으니까요. 결국 그 많던 논과 밭은 반 이상이 골프장이나 건물터로 변했어요. 또 세계 무역 기구에 가입하면서 수입 농산물에 붙던 관세를 낮추고, 정해진 양의 쌀을 의무적으로 수입해야 했죠. 저렴한 수입 쌀이 쏟아지자 쌀 가격이 폭락하고, 제값을 받을 수 없으니 농민들은 농사를 포기하고, 농부가 없으니 쌀을 더 많이 수입하는 악순환이 시작되었죠.

없는 농지를 도시에 만들어 식량 위기를 극복한 쿠바와, 있던 농지도 없애 위기를 자초한 필리핀의 모습이 대조적이지 않나요? 농업에 대한 관심과 지원은 이렇게 큰 변화를 가져오죠. 식량을 생산하는 일은 단순한 산업 이상의 가치가 있어요. 음식은 단순한 상품이 아닌 행복한 삶의 기초 재료니까요. 그러니 조금 비싸더라도 내가 먹을 음식을 내 힘으로 얻는 일은 절대로 미련하거나 손해 보는 일이 아니에요. 도시에 작은 녹색 땅이 늘어날수록, 사람들의 행복도 조금씩이지만 꾸준히 늘어날 테니까요.

세상을 바꾸는 요리사들

음식을 통해 더 나은 세상을 만드는 일에 전문 요리사가 빠지면 안 되겠죠. 예전에 요리사는 요리라는 기능을 수행하는 기술인이란 느낌이 강했어요. 하지만 지금은 사회 운동가나 환경 보호론자가 되기도 하고, 아이들을 교육하는 교육자로 변신하기도 하죠. 요리사이기에 가능한 독창적인 방식으로 세상에 공헌하는 사람들이 늘어난 덕분이에요. 그럼 요리로 세상을 바꾸는 요리사들을 만나 볼까요?

제이미 올리버Jamie Oliver

제이미 올리버는 영국에서 데이비드 베컴 다음으로 인기 있다고 할 정도로 유명한 요리사예요. 누구나 근사한 음식을 쉽게 만들 수 있다는 요리의 즐거움을 알려 준 덕분에 세계적인 명성을 얻었죠. 제이미는 10대 시절 친구가 술을 끊지 못해 소년원에 가는 모습을 지켜봐야 했어요. 그래서 단순히 스타 쉐프에 머무르지 않고, 음식으로 사람들에게 행복을 주는 방법을 끊임없이 고민했어요. 첫 번째 시도는 '피프틴Fifteen' 프로젝트였어요. 학교나 사회에 적응하지 못하는 청소년을 요리사로 만드는 자선 재단을 설립했죠. 프라이팬 한 번 잡아보지 않았어도 괜찮고, 직업은 반드시 없어야 하며, 집이 가난하면 우대, 학교 중퇴자와 전과자도 아무 문제 없다는 파격적인 모집 조건을 내걸었어요. 이렇게 선발한 15명의 아이는 교육 후 런던 북동부 15번지에 있는 피프틴 레스토랑에서 진짜 요리사로 활약하게 되었죠. 레스토랑의 수익금은 재단에 적립되어 다른 청소년을 교육하는 데 쓰죠. 덕분에 지금까지 350명이 넘는 졸업생을 배출했고, 취업률도 80퍼센트를 기록했다고 해요.

이후 제이미는 훨씬 더 많은 아이를 위한 프로젝트에 도전하죠. 영국 아이들이 먹는 급식 개혁에 나선 거예요! 영국 요리는 맛없기로 유명하지만, 학교 급식은 더더욱 심각한 수준이었어요. 급식 예산보다 군용 개 사료가 7배나 비쌀 정도니까요. 이렇게 돈을 투자하지 않으니 급식 담당자조차 원재료를 알지 못하는, 정체불명의 인스턴트 음식과 청량음료가 식판을 채웠어요. 식이 섬유를 거의 먹지 못한 아이들은 2주에 한 번 화장실을 갈 정도로 건강 상태가 엉망이었죠. 보다 못한 제이미는 한 공립학교에 영양사로 취직해, 신선한 재료로 만든 건강 음식을 제공했어요. 일류 쉐프가 직접 만든 음식이 눈앞에 있다니! 순식간에 동났을 것 같죠? 하지만 아이들은 제이미가 만든 음식을 바로 쓰레기통에 버렸고, 엄마 때문에 억지로 먹은 아이들은 토하기까지 했어요. '한 번도 먹은 적이 없는 음식이라 못 먹겠다'라는 충격적인 이유 때문이었죠.

제이미는 전략을 바꿔 아이들에게 감자가 어떻게 생겼는지 보여 주고, 농장에 데리고 가 진짜 딸기를 먹이는 음식 교육을 시작했어요. 인스턴트 치킨너깃을 어떻게 만드는지 직접 보여 주기도 했고요. 아이들은 조금씩 자연 재료에 익숙해졌고, 제이미의 음식에도 관심을 보이기 시작했어요.

이렇게 시작된 변화는 점점 더 많은 사람을 바꿨어요. 우선 아이들이 부쩍 건강해졌어요. 요리하기 힘들다고 투덜대던 급식 담당자들은 일하는 게 재미있다고 말하기 시작했고요. 사람들의 관심을 끌어낸 제이미는 토니 블레어 총리를 만나는 데 성공해요. 거센 여론에 부딪힌 총리는 결국 학교 급식 예산을 늘리겠다고 약속했어요. 요리사 한 사람이 국가 정책을 바꾼 거죠!

급식 개혁을 이끈 제이미는 이제 아이들의 설탕 섭취를 줄이자는 운동에 나섰어요. 아이들이 설탕 같은 감미료를 지나치게 먹지 않도록, 당분을 추가한 음료에 세금을 부과해야 한다고 주장했어요. 제이미는 우선 본인 레스토랑의 당 첨가 음료 가격을 올리고, 다른 레스토랑에도 이를 권하고 있어요. 지나친 당 섭취의 위험을 알리는 방송도 만들었고요. 아이들이 건강하게 살아갈 세상을 위해 제이미가 또 어떤 도전을 할지 기대되지 않나요?

앨리스 워터스 Alice Waters

영국에 제이미 올리버가 있다면 미국에는 앨리스 워터스가 있어요. 엘리스는 텃밭보다는 마트가 훨씬 익숙한 환경 속에서 자랐고, 요리 전공자도 아니었어요. 하지만 프랑스 유학 시절에 시골 농장에 들른 후 인생이 달라졌어요. 신선한 재료로 만든 맛있는 요리를 느긋하게 즐기는 음식 문화에 반해 버린 거예요. 미국에 돌아온 앨리스는 이런 음식을 친구들에게 만들어 줬어요. 행복을 나눠 주고 싶어 못 견디게 된 거죠. 음식 맛을 본 친구들은 진심으로 감탄해 식당을 차려도 되겠다고 말했어요. 결국 앨리스는 정말로 요리사로 전업해 '셰 파니스'라는 레스토랑의 주인이 되죠.

셰 파니스는 신선하고 자연적인 재료를 쓴다는 원칙을 고수했어요. 농약으로 기른 채소, 성장 호르몬과 항생제를 쓴 고기와 생선은 거부했죠. 그래서 처음에는 식당 운영이 쉽지 않았어요. 그녀가 추구하는 가치를 알아주는 사람이 없었으니까요. 하지만 음식에 대한 열정과 진심이 알려지면서, 유기농으로 키운 재료를 보내 주겠다는 사람들이 나타났어요. 초반의 어려움을 극복한 셰 파니스는 자연주의 음식의 명소로 자리 잡았어요. 지금은 모든 재료를 50킬로미터 반경 내에서 가져오고, 식당 옥상에서는 벌을 길러 꿀도 직접 생산한다고 해요.

로컬푸드와 유기농 운동의 선구자가 된 앨리스는 이후 교육자로 변신해요. 아이들도 음식이 주는 행복을 누려야 한다고 생각했으니까요. 그래서 음식 교육 재단을 만들고 학교 안에 텃밭을 만들자는 운동을 시작했어요. 그녀가 지원하는 학교는 수업 시간에 음식을 공부하고, 학생들은 텃밭에서 직접 키운 채소로 요리하죠. 앨리스는 학교 급식에 나라의 운명이 달려 있다고 말할 정도로 열성적이었어요. 그래서 당시 미국 대통령이던 오바마 대통령에게 백악관에 텃밭을 만들고 제철 재료로 식단을 짜달라는 청원까지 했어요.

앨리스의 이러한 노력은 다양한 음식 문화 운동으로 확산하고 있어요. 미국의 영부인이었던 미셸 오바마는 학교 텃밭 운동에서 한발 더 나아가 '렛츠 무브Let's Move' 운동을 시작했어요. 정부가 나서서 아이들이 비만해지기 쉬운 사회 구조 자체를 바꾸기로 한 거죠. 또 재소자를 위한 '가든 프로젝트Garden Project'도 진행 중이에요. 교도소에 텃밭을 만들어 재소자들이 유기농 농산물을 키우고 앨리스의 식당에 납품하는 프로젝트예요. 프랑스 시골에서 먹은 소박한 음식에서 시작한 변화가 어느새 이렇게 많은 사람의 삶을 바꾸고 있어요.

댄 바버Dan Barber

장사가 신통치 않아 고민이던 한 레스토랑에서 어느 날 대형 사고가 터졌어요. 제철인 아스파라거스를 주문했는데, 실수로 10배나 많이 주문해 버린 거예요! 설상가상으로 그날은 유명한 음식 평론가가 방문하는 날이었죠. 주방을 책임지던 쉐프 댄 바버는 고민 끝에 과감한 결정을 내렸어요. 코스를 처음부터 끝까지 아스파라거스 요리로 도배해 버린 거죠! 식사를 끝내고 돌아간 음식 평론가는 제철 재료의 매력을 제대로 맛보게 해 줬다는 기사를 냈어요. 채소와 사랑에 빠진 요리사 댄 바버의 운명이 바뀌는 날이었죠.

이후 댄 바버는 '농장에서 키워 식탁에 바로 올린다'라는 철학을 고수하는, 재료 자체를 중시하는 요리사의 대명사가 돼요. 그래서 그의 레스토랑인 블루 힐에는 다른 곳에서는 보기 힘든 요리가 가득해요. 잎과 뿌리를 자르지 않은 채소를 통째로 요리하고, 쇠고기 대신 당근을 스테이크처럼 구워내기도 하죠. 요리하고 남은 자투리 채소는 압축해서 농장 비료로 쓰고요. 모든 육류 요리는 동물 복지 기준을 준수해 직접 키운 가축으로 만들죠. 사실 블루 힐은 레스토랑이라기보다는 농업 연구 단지에 가까운 곳이에요. 10만 평이 넘는 땅에서 가축과 채소, 허브를 직접 기르니까요.

댄 바버는 '제3의 식탁'으로 지구를 구해야 한다고 말해요. 제1의 식탁은 미국의 전형적인 육류 중심 식단이에요. 맛이 있을진 몰라도 오래가지 못하는 식탁이죠. 제2의 식탁은 유기농과 로컬푸드 운동으로 달라진, 지속 가능한 삶을 추구하는 식단이에요. 바버는 제2의 식탁이 긍정적인 변화를 불러왔지만, 이것만으로는 부족하다고 주장해요. 음식 산업이라는 구조에서 완전히 독립하지 못했으니까요. 그래서 제3의 식탁은 인간 중심이 아닌 자연 중심의 식단으로 바뀌야 한다고 말해요.

바버는 제3의 식탁을 널리 알리고자 wastED라는 프로그램을 시작했어요. 돈이 안 된다는 이유로 버리는 재료를 맛있는 음식으로 바꾸는 운동이죠. 지역 농부들과 함께 3주 동안 진행했는데, 무려 270킬로그램이 넘는 채소를 재활용했다고 해요. 오이 꼭지나 동물 내장, 생선 뼈와 지느러미, 채소즙을 짜내고 남은 찌꺼기처럼 음식물 쓰레기가 될 운명이던 재료가 맛있는 요리로 탈바꿈했어요. 특히 패티와 케첩, 소스, 음료까지 모두 버리는 재료로 만든 치즈버거는 선풍적인 인기를 끌었어요. 패스트푸드의 상징인 햄버거를 세상을 바꿀 음식으로 재해석하다니, 멋지지 않나요? 요리사이자 철학자인 바버는 이렇게 조용하지만, 혁명적인 음식 실험을 계속 진행하고 있어요. 그의 모습을 보는 것만으로도 음식을 대하는 태도가 절로 진지해질 정도예요.

밤 카트Wam Kat

독일에는 거리의 쉐프라 불리는 사람이 있어요. 시위 현장에 나타나 사람들에게 음식을 나눠 주는 밤 카트죠. 밤은 18살 때 앞으로 1년밖에 살지 못할 거라는 말을 들었어요. 그래서 남은 시간 동안 자신이 정말로 원하는 일인, 더 나은 세상을 만드는 일을 하기로 다짐했어요. 하지만 밤은 죽지 않았고, 달라진 삶을 계속 살아갔어요. 특히 자연을 사랑해서 세계 자연 기금WWF의 청소년 조직과 지역 삼림을 지키는 '행동하는 유럽 청소년EYFA'을 설립했어요. 또 유고슬라비아 전쟁을 다룬 책을 쓰고, 보스니아 내전 때는 봉사 단체를 조직하기도 했죠. 전쟁으로 파괴된 집을 다시 지어 주는 활동도 했어요.

그런데 시간이 지나자 밤은 조금 독특한 방식의 사회 운동을 선택했어요. 자신처럼 세상을 바꾸고자 거리에 나온 사람들에게 밥을 해 주기로 한 거죠. "밥이 없으면 투쟁도 없다"고 말하면서요. 그래서 행동하는 요리사를 의미하는, 액션 쿡Action Cook이라는 독특한 칭호를 얻었어요.

밤은 자신이 추구하는 가치와 식생활이 일치해야 한다고 주장해요. 햄버거 패티 생산을 위해 열대 우림을 자르는 일에 반대하면서 패스트푸드를 먹을 순 없다는 거죠. 자연 보호 운동을 하면서 동물을 학대해 얻은 고기를 먹어선 안 된다고 생각해요. 그는 우리가 먹는 음식이 얼마나 윤리적인지 질문해요. 그리고 요리를 통해 정의로운 세상을 만들 수 있음을 보여 주죠. 사람들이 모금한 돈으로 재료를 사 오늘도 세계 어딘가에서 묵묵히 수프를 끓이면서요.

02

지구를 지키는 식탁

아픈 지구를 위한 처방, 대안 농업

2차 세계 대전이 끝나자 세계 여러 나라의 인구가 폭발적으로 증가했어요. 하지만 식량 생산량은 그렇게 많이 늘지 않았고, 수많은 사람이 굶주림에 시달려야 했죠.

이때 미국의 노먼 볼로그Norman Ernest Borlaug라는 농학자가 난쟁이 밀이라는 품종을 개발했어요. 키가 작아 이삭이 많이 달려도 쓰러지지 않고 질소 비료를 듬뿍 줄 수 있었죠. 난쟁이 밀 덕분에 전 세계 밀 생산량은 대폭 늘었고, 기아에서 사람들을 구한 볼로그는 1970년 노

농사에 비싼 농기구와 비료, 농약이 필수적일까?

벨 평화상 수상자가 되었죠.

필리핀에 있는 국제 벼 연구소에서는 IR8이라는 쌀을 개발했어요. 알곡이 훨씬 많이 달리는 이 품종 덕분에 쌀을 주식으로 하는 나라도 굶지 않게 되었죠. IR8을 우리나라에 맞게 개량한 쌀이 바로 통일벼예요. 통일벼 덕분에 보릿고개가 없어졌다고 말할 정도예요.

그런데 부작용이 있었어요. 여러 작물을 바꿔가며 심는 대신 매년 같은 작물만 심으니 특정 영양소가 고갈되겠죠. 부족한 영양소를 보충해야 하니 화학 비료를 많이 써야 하고요. 또 생산량 증가를 위해 잡초와 해충을 죽여야 하니 제초제와 농약도 필수죠. 그래서 농촌 역시 환경 오염에서 벗어날 수 없고, 농민들의 건강도 위협받게 됐어요. 게다가 비싼 농기구를 사고 비료와 농약을 대량으로 구매하려면 빚을 내야 하니, 가난을 벗어나지 못하는 농부들이 크게 늘었어요.

이런 부작용을 해소하고 전통 농업의 가치를 되살리고자, 1972년 프랑스에서 세계 유기농 운동 연맹IFOAM이 설립됐죠. 유기농 운동은 '지속 가능한' 농업을 강조해요. 생산량 증가를 위해 자원을 마구 축내는 대신, 조금 비효율적이고 비용이 많이 들더라도 지구와 공존하는 방법을 택하자는 거죠. 그래서 농약과 화학 비료에 의존하지 않고 유기물과 미생물을 이용하는 농업이 시작되었어요. 지구 온난화 같은 환경 문제에 관한 관심이 높아지면서 유기농법도 함께 주목을 받았어요. 하지만 유기농법도 음식 상품화에서 자유롭지 않다는 비판을 받고 있어요. 돈 있는 사람만 건강한 음식을 먹게 된다는 거죠. 또 다양한 농작물을 심던 곳에 유기농 작물 하나만 심을 경우 기존 농법의 단점이 반복되기도 해요.

이런 상황 속에서 자연 농업이라는 또 다른 대안이 등장했어요. 후쿠오카 마사노부福岡 正信라는 일본 농부가 만든, 농약과 화학 비료는 물론 밭 갈기나 잡초 제거조차 하지 않는 방법이에요. 유기비료도 주지 않죠. 어떤 인위적인 영향도 주지 않는다는 점에서 무위 농업이라 부르기도 해요. 사람의 손이 닿지 않는 자연에서는 식물이 그렇게 잘 자라는데, 왜 인간이 무리하게 개입하느냐는 거죠. 실제로 후쿠오카는 맨땅에 씨앗을 뿌린 다음, 쌀과 보리가 자라면 베고 다시 씨앗을 논에 뿌리는 일밖에 하지 않았어요. 그런데도 30년 넘게 현대 농업에 뒤지지 않는 수확량을 기록했고요.

이후 자연 농법은 '기적의 사과'로 다시 한번 주목받았어요. 기무라 아키노리木村秋則라는 일본의 사과 농부는 무척 농약을 애용했는데, 어느 날부터 아내가 심하게 아프면서 농약을 쓰지 못하게 됐어요. 농약을 주지 않자 생산량은 급감했죠. 고민하던 기무라는 때마침 후쿠오카의 책을 발견하고 자연 농업을 시작했어요. 오랜 시간이 걸렸지만, 변화가 찾아왔어요. 잡초를 뽑지 않으니 땅이 오히려 비옥해졌고, 비료를 주지 않자 사과나무는 뿌리를 훨씬 깊게 내렸죠. 이런 나무에서 자란 사과는 태풍에도 잘 떨어지지 않고, 병충해도 스스로 이겨내고, 잘 썩지도 않아 기적의 사과라는 별명을 얻었어요. 지금은 1년 전에 예약해야 구할 정도로 엄청난 인기를 자랑해요.

이런 대안 농업이 속속 등장했지만, 여전히 한계가 있어요. 규모가 작다 보니 소비자가 접하기 어렵다는 점이죠. 마트나 슈퍼는 언제든 쉽게 갈 수 있지만, 대안 농업으로 키운 농산물을 사려면 비싼 가격을 감당하거나 멀리까지 찾아가야 해요. 농민들이 소비자보다 유통업체를 더 신경 써야 하는 문제도 그대로고요. 그래서 도시의 소비자가 적극적으로 참여하는 새로운 농업이 등장했어요. 바로 시민 지원 농업이에요. 영어로는 Community Supported Agriculture, 줄여서 CSA라고 해요. CSA는 소비자가 매월 정해진 금액을 보내면, 농민은 제철 농산물을 담은 꾸러미를 택배로 부치는 방식으로 진행해요. 소비자가 농사 비용을 지원하는 거죠. 또 편지나 전화로 농사에 관한 이야기를 나누고, 주말에 소비자가 농장을 방문해 함께 농사를 짓기도 해요.

농촌과 도시를 연결하는 CSA는 음식 상품화의 부작용을 해결할 대안으로 떠오르고 있어요. 농민은 안정적인 소득과 판매가 보장되니 안심하고 농사에 매진할 수 있죠. 또 유기 농업을 선택하기도 쉬워요. 조금 못생겼거나 크기가 작아도, 생산 과정을 공개한다면 소비자도 이해해 줄 테니까요. 게다가 인기 있는 농산물 위주가 아니라 다양한 제철 재료를 생산하게 되니 환경에도 도움이 돼요.

소비자는 안전한 농산물을 안심하고 먹을 수 있죠. 언제든 농장에 들러 내가 먹는 음식이 어떻게 자라는지 확인할 수 있으니까요. 실제로 외국에서는 식품 관련 사고가 터질 때마다 CSA 회원이 급증한다고 해요. 미국에는 CSA 농장이 만 개가 넘을 정도로 대중화되었고요. 우리나라에서는 '건강한 밥상, 흙살림, 언니네 텃밭, 엄마 텃밭 꾸러미' 등에서 CSA를 선보이고 있어요.

슬로푸드와 로컬푸드

세상을 바꾸는 음식 운동으로 슬로푸드와 로컬푸드를 들 수 있어요. 슬로푸드 운동은 이탈리아에서 음식 문화 잡지 편집장을 하던 카를로 페트리니Carlo Petrini가 가 처음 시작했어요. 그는 브라라는 곳에 슬로푸드. 1986년 이탈리아의 카를로 페트리니가 시작한 국제 사회 운동이다. 150여 개국 10만여 명 이상의 회원이 활동하고 있다.

서 살았는데, 작지만 2년마다 세계 치즈 축제를 여는 미식 마을이었어요. 점심시간이 3시간이나 되고, 6시가 되면 아무리 손님이 많아도 모든 가게가 문을 닫을 정도로 느긋한 삶을 즐기는 곳이었죠.

이런 곳에서 살던 페트리니는 로마의 스페인 광장에 맥도날드 매장이 들어선다는 소식을 듣고 충격을 받았어요. 전통 음식에 대한 자부심이 대단한 이탈리아에까지 패스트푸드가 들어오다니! 그래서 그는 패스트푸드의 반대 개념인 슬로푸드를 제안했어요. 페트리니가 말하는 패스트푸드는 단순히 빨리 나오는 음식이 아니라 지역과 전통을 무시하고, 표준화된 조리법으로 음식 문화를 획일화하는 음식을 말해요. 흔히 열량만 많고 영양소는 부족한 음식을 정크푸드라고 하는데, 바로 페트리니가 만든 말이에요. 패스트푸드가 보여 주는 음식 상품화의 단점을 신랄하게 꼬집은 거죠. 그래서 느리지만 자연 친화적인 삶을 사는 달팽이를 협회의 상징으로 삼았어요.

슬로푸드는 좋고Good, 깨끗하고Clean, 공정한Fair 음식을 지향해요. 여기서 '좋은' 음식이란 한마디로 맛있다는 뜻이에요. 풍부한 맛과 향이 오감을 자극해, 먹고 나면 기분이 좋아지는 음식 말이에요. 슬로푸드는 동시에 깨끗해야 해요. 아무리 맛있는 음식이라도 환경을 파괴하거나 먹는 사람을 아프게 하면 안 되니까요. 그래서 유기농법을 하더라도 지나치게 넓은 땅에 한 가지 작물만 심는다면 슬로푸드가 되진 못해요. 또 슬로푸드는 생산 과정에서 누구도 착취당하지 않고 정당한 대가를 얻어야 해요. 가격 경쟁력을 위해 생산자에게 터무니없이 낮은 임금을 주거나 아이들을 일하게 한다면 슬로푸드가 될 자격이 없어요. 어때요, 우리가 이제까지 살펴본 행복한 음식의 조건과 비슷하죠? 나의 행복은 물론 나와 함께 살아가는 사람들의 행복까지 생각하니까요.

빠르고 간편한 음식 대신 느리지만 행복을 주는 음식으로 돌아가자는 슬로푸드 정신은 전 세계에서 큰 호응을 얻었어요. 160개국에서 10만 명 이상이 회원으로 가입했으니까요. 속도와 경쟁을 중시하는 세상에 지친 사람들이 그만큼 많았나 봐요. 2015년에는 우리나라에서도 "멋진 농부와 진짜 맛"이라는 근사한 이름의 슬로푸드 축제가 열렸죠. 이런 인기 덕분에 슬로푸드 운동은 식탁을 넘어 사람들의 생활 방식 자체를 바꾸고 있어요. 느리지만 더 행복한 삶을 추구하는 사람을 뜻하는 슬로비slobbie라는 말까지 생겼죠.

슬로푸드 혁명은 여기서 멈추지 않고 계속 발전했어요. 개발 대신 환경 보호를 선택하는 슬로 시티, 자원을 축내는 상품을 사지 말고 지속 가능한 삶을 사는 데 쓰자는 슬로 머니 운동도 나타났죠. 슬로푸드 정신을 추구하는 젊은이들의 모임인 슬로 청년이 있어요. 또 앞으로도 이 땅에 슬로푸드가 사라지지 않도록, 미식가를 양성하는 미식학 대학교도 만들었어요. 하루에 치즈 30개를 맛보면서 미각을 연마하고, 식탁에서는 정의로운 음식을 논하며, 유명 관광지 대신 시골 장터를 찾아가 특산물을 공부한다니, 이런 대학이라면 학교 가는 길도 즐겁지 않을까요?

또 슬로푸드 운동의 인기는 자연스럽게 로컬푸드 운동으로 이어졌어요. 좋고, 깨끗하고, 공정한 음식을 지속적으로 구할 방법을 고민해 보니, 가까운 지역에서 생산한 건강한 음식 소비가 제일 효과적이었으니까요. 이동 거리가 짧으니 신선하고 맛있으며, 연료 소비가 줄어드니 환경에도 도움이 되죠. 생산 현장을 확인할 수 있으니 공정한 음식인지 아닌지 판단하기도 쉽고요. 비싸서 그렇지 국내산이 좋은 게 당연하지 않냐고 생각하는 사람도 있을 거예요. 하지만 예전에는 "모든 재료를 외국에서 직수입합니다"라고 써놓은 음식점이 종종 있었어요. 그만큼 고급 식당임을 강조하고 싶어서였죠. 지금은 '국내산 유기농' 재료를 썼다고 자랑해요. '경미네 밭'이나 '미숙이네 논'처럼 아주 구체적인 원산지 표시도 등장했고요. 로컬푸드 운동은 우리도 모르는 사이에 이렇게 많은 변화를 이끌었어요. 먼 이국땅에서 생산한 음식보다 우리 곁에 있는 음식을 더 가치 있게 생각하게 된 거죠.

그래서 요즘 마트에 가면 "푸드 마일리지"나 "탄소 발자국" 같은 글자를 보게 돼요. 푸드 마일리지란 생산해서 소비할 때까지 식품이 움직인 거리를 말해요. 탄소 발자국은 이 과정에서 온실가스가 얼마나 발생하는지 표시하는 제도고요. 두 가지 모두 낮을수록 지구 환경에 도움이 되겠죠.

우리가 이런 정보까지 알게 된 것도 로컬푸드 운동 덕분이에요. 로컬푸드를 선호하는 사람을 로커보어Locavore라고 하는데, 이 사람들이 무시 못 할 정도로 늘어나자 식품 업계도 변화를 시도해야 했죠. 로컬푸드만 취급하는 가게가 생기고, 대형 마트는 지역 농산물 판매대를 따로 만들었어요. 그리고 식품이 로컬푸드임을 증명하고자 푸드 마일리지와 탄소 발자국 같은 제도를 도입했어요. 소비자는 안전하고 신선한 음식은 물론, 환경 보호를 실천한다는 기쁨까지 누릴 수 있죠. 또 중간 단계가 적으니 농민이 얻는 수익이 많다는 장점도 있어요.

아쉽게도 우리나라는 푸드 마일리지가 상당히 높은 나라에 속해요. 미국이나 호주산 쇠고기, 칠레나 독일산 돼지고기, 중국산 고춧가루, 필리핀산 바나나처럼 밥상 위에 오른 재료의 이동 거리를 합치면 지구 한 바퀴를 훌쩍 넘기도 해요. 그만큼 수입 농산물 의존도가 높다는 뜻이죠. 하지만 우리나라에도 이런 흐름에 반하는 곳이 나타났어요. 전라북도 완주군에는 완주군에서 키운 농산물만 판매하는 로컬푸드 전문점이 있어요. 중간 유통 과정 없이 농부들이 직접 농산물을 들고 오기 때문에 가격이 저렴해요. 생산자 이름과 사진이 붙어 있어 누가 키웠는지도 알 수 있고요. 계절에 맞지 않는 농산물을 무리해서 키우지 않아도 되니 생산자도 편하고, 소비자는 자연히 제철 음식을 즐기게 되죠.

우리나라의 로컬푸드 운동은 아직은 시작 단계예요. 대형 마트 중심의 소비 생활이 워낙 편리하고 익숙하니까요. 게다가 우리나라는 국토가 넓지 않고 겨울이 길다는 약점도 있어요. 물론 다양한 음식 재료를 먹고 싶은 사람들의 욕구도 존중해야겠죠. 하지만 패스트푸드 시대에 슬로푸드가 나타났고 세계화 시대에 오히려 로컬푸드가 등장했듯이, 지역 농산물 소비는 작지만 무시할 수 없는 흐름이에요. 나를 행복하게 하는 건 언제나 저 먼 곳이 아니라 내 주위에 있는 법이니까요.

사라지는 음식을 지키는 맛의 방주

슬로푸드 운동의 창시자인 카를로 페트리니는 1996년 이탈리아 남부 피에몬테에 있는 식당을 찾아갔어요. 인근에서 생산하는 사각 고추로 만드는 페페로나타를 맛보기 위해서였죠. 그런데 몇 년 만에 다시 먹은 페페로나타는 엄청나게 맛이 없었어요. 이유를 물어보니 비싼 이탈리아산 대신 저렴하고 색깔도 화려한 네덜란드산 고추로 바꿨다는 대답이 돌아왔죠. 낙심한 페트리니는 고추 생산지였던 아스티를 찾아갔어요. 그곳에서 한 농부를 만났는데, 놀라운 사실을 알게 됐어요. 이제 고추 대신 돈이 되는 튤립 알뿌리를 키운다는 거예요!

고추와 튤립이 네덜란드와 이탈리아 국경을 넘나들고 있었던 거죠.

페트리니는 세계화란 이름 아래 토종 고추가 자취를 감추고, 맛있는 전통 요리가 사라지며, 그 과정에서 엄청난 환경 오염이 일어나는 현실에 충격받았어요. 그래서 환경을 해치지 않으며 음식 문화의 다양성을 보존하는 새로운 미식을 실천하기로 마음먹었어요. 멸종 위기에 처한 동식물을 보호하듯이, 사라져 가는 음식 재료와 요리법을 보존하기로 한 거예요. 슬로푸드 협회의 대표적인 활동인 '맛의 방주 Ark of Taste'는 바로 이렇게 첫발을 내디뎠어요.

맛의 방주에 오르려면 슬로푸드 정신에 걸맞는 음식이어야 하고, 소규모 농가가 특정 지역에서 지속 가능한 방식으로 재배해야 하며, 사라질 위기에 처한 음식이어야 해요.

2016년 기준으로 전 세계에서 2,925개가 등재되었어요. 마다가스카르의 붉은쌀, 아르헨티나의 분홍 후추, 일본 오키나와 흑돈처럼 이대로 가면 책에서만 보게 될 음식이 가득해요. 우리나라에서도 55개 음식이 방주에 올랐어요. 연산 오계, 예산 집장, 제주도 푸른콩장, 울릉도 섬말나리처럼 우리도 잘 모르는 음식의 특징과 요리법을 기록해 놓았죠.

맛의 방주는 단순히 사라질 위기의 음식을 기록한 데이터베이스가 아니라, 환경과 지역 사회의 근본적인 문제를 해결하는 적극적인 운동이에요. 대표적인 사례는 멕시코의 아마란스죠. 멕시코는 오래전부터 옥수수가 주식이었어요. 토종 품종만 1,000개가 넘을 정도였죠. 그런데 식품 관련 다국적 기업들이 이 중 80퍼센트의 특허를 가져가고, 미국산 품종을 대신 심게 했어요. 하지만 멕시코 땅에 적응해 온 품종과는 달리 키우는데 물이 많이 필요했고 영양 성분도 떨어졌어요. 결국 멕시코는 물 부족에 시달리게 되었고, 다양한 옥수수를 이용한 요리도 사라졌어요. 또 넓은 땅에 옥수수만 심다 보니 다른 토착 작물들은 자취를 감췄고요.

페트리니는 이렇게 사라져 가는 음식 중에서 아마란스에 주목했어요. 옥수수처럼 주식이 될 수 있는 데다 건조한 땅에서도 잘 자라고 병충해도 적었으니까요. 그래서 페트리니와 동행한 요리사는 주민들에게 아마란스를 이용한 맛있는 음식을 대접했어요. 이를 계기로 조금씩 알려지기 시작한 아마란스는 어느새 세계적인 인기 식품으로 발전했어요. 우리나라에서도 '신이 내린 곡물', '슈퍼 푸드'란 이름으로 귀한 대접을 받고 있죠. 아무도 주목하지 않던 음식이 환경과 지역 경제 문제까지 해결한 거예요.

한식도 음식 산업화의 영향으로 다양성이 줄고 있어요. 지역마다 독특한 개성을 자랑하던 음식 대신 전국 어디서나 같은 제품을 소비하니까요. 특히 장과 조미료가 획일화되다 보니 어딜 가든 음식 맛이 다 비슷비슷한 느낌마저 들어요. 앞에서 이야기했듯이 다양성이 줄면 재미가 없어지고, 재미가 없어지면 관심을 두지 않게 되죠. 그러니 멀리 갈 것 없이, 사라져 가는 우리 주위의 음식에 관심을 가진다면 누구나 맛의 방주 운동에 동참할 수 있어요. 그러다 보면 우리도 아마란스 같은 보물을 찾을 수 있겠죠?

동물도 복지가 필요한가요?

푸아그라, 루왁 커피, 송아지 고기에는 공통점이 있어요. 비싸지만 맛있는 음식으로 유명하다는 사실이죠. 푸아그라는 프랑스 고급 요리의 대명사로 통하고, 루왁 커피는 한 잔에 4만 원이 넘어가죠. 송아지 고기도 특유의 연한 질감과 예쁜 색깔 때문에 일반 쇠고기보다 비싸게 팔려요. 그런데 이 세 음식은 중요한 공통점이 하나 더 있어요. 바로 동물 복지 논란이에요.

푸아그라는 '살찐 간'이란 뜻인데, 철새는 장거리 여행에 필요한 영양소를 지방 형태로 간에 저장해요. 그래서 동물성 지방을 먹을 기회가 흔치 않았던 옛날 사람들에게 거위 간은 대단히 특별한 음식이었어요. 거위가 이동하는 철에만 잠깐 먹는 별식이었죠. 하지만 푸아그라가 인기를 끌자, 사람들은 대량 생산 방법을 개발했어요. 우선 거위가 움직이지 못하게 좁은 철창에 가두죠. 그리고 목에 튜브를 끼워 엄청난 양의 사료를 강제로 주입하는 거예요. 토하면 안 되니 목은 집게로 고정하죠. 몇 달 동안 이렇게 하면 야생 거위보다 간이 10배나 커져요. 거위는 간이 고장 나 얼마 못 살게 되지만, 어차피 곧 도살할 테니 문제가 되진 않아요.

루왁 커피는 사향고양이라는 동물의 똥을 이용해 만드는 커피예요. 야생의 사향고양이는 나무를 타고 다니면서 잘 익은 커피 열매만 먹는데, 커피 원두는 소화가 안 되니 그대로 배출되죠. 이렇게 얻은 원두를 씻어서 볶으면 독특한 맛과 향을 자랑하는 루왁 커피가 돼요. 이 맛에 빠진 인도네시아 사람들은 야행성인 사향고양이를 밤새 쫓아다니면서 똥 누기만 기다렸다고 해요. 하지만 루왁 커피가 인기 상품이 되면서 사람들은 사향고양이를 케이지에 가두고 커피 열매만 먹이기 시작했어요. 그래서 평균 수명이 15년인 사향고양이는 영양실조와 스트레스, 우울증 때문에 3년 정도밖에 살지 못했죠. 부족한 영양분 때문에 자기 살을 먹다 죽기도 해요. 이렇게 잔인한 현실이 알려지면서 케이지 사육을 하지 않았다는 인증제까지 등장했지만, 야생 원두라고 속여 팔면 큰돈을 얻을 수 있다 보니 근절되지 않고 있어요.

송아지 고기는 동물 보호 운동가들이 꼽는 최악의 동물 학대 제품이에요. 송아지 고기는 수소로 만드는데, 우유를 생산하지도 못하고 새끼를 낳지도 않는 수컷은 오래 키울수록 손해기 때문이죠. 송아지 고기가 될 소는 태어나자마자 어미 소와 떨어져 철제 우리에 들어가요. 부드러운 육질을 위해 근육이 생기지 않도록 아주 좁은 우리를 사용해요. 또 송아지 고기는 색깔이 연할수록 가격이 비싸서 철분을 제거한 사료만 먹여요. 일부러 빈혈 상태로 만드는 셈이죠. 이렇게 극심한 스트레스와 질병에 시달린 송아지는 대부분 생후 5달 이전에

도살돼요. 비싼 음식 재료를 얻고자 동물을 일부러 병들게 하는 황당한 일을 아무렇지도 않게 했던 거예요.

푸아그라와 루왁 커피, 송아지 고기 논란은 동물 복지라는 대단히 중요한 문제를 제기했어요. 음식을 생각할 때 생명을 대하는 태도까지 고민하게 됐으니까요. 그래서 아무리 맛있는 음식이라도 동물을 학대해 얻었다면 먹지 않겠다는 사람들이 나타났어요. 실제로 푸아그라는 잔인한 사육 방식이 알려지면서 전 세계에서 불매 운동이 일어났고, 미국 일부 주와 이탈리아에서는 아예 법적으로 판매를 금지했어요. 유럽 연합은 철제 우리를 이용한 송아지 사육을 금지했죠.

하지만 동물 복지는 이렇게 희귀한 동물에만 적용되는 문제가 아니에요. 우리가 즐겨 먹는 소, 닭, 돼지도 학대 논란에서 벗어날 수 없으니까요. 사실 우리는 동물 학대 덕분에 고기를 먹는다고 해도 과언이 아니에요. 자연 상태의 소는 3년이 지나야 600킬로그램이 되는데, 지금은 성장 촉진 호르몬 덕분에 18개월이면 그 정도 크기가 되죠. 돼지는 도살할 때까지 6개월이 걸리고, 특히 닭은 32일밖에 걸리지 않아요. 병아리가 자란다기보다는 부풀어 오른다는 표현이 어울려서 팝콘 치킨이라 부르죠. 또 좁은 우리에 갇혀 지내니 스트레스가 심해 다른 동물을 공격하기도 해요. 그래서 새끼 돼지는 송곳니와 꼬리를 자르고, 병아리는 부리를 잘라요. 닭은 자연 상태보다 3배 이상 빠르게 성장하니 다리가 몸무게를 버티지 못해 부러지고, 심장에 무리가 와 죽기도 해요. 애초에 오래 살기 힘든 닭이니 작을 때 도살한

의료용 항생제의 70퍼센트를 가축에게 사용한다. 가축 항생제 남용으로 슈퍼 바이러스가 출현한다. 결국 동물 학대는 다시 인간에게 돌아온다.

다음 영계라는 이름으로 판매하죠.

이렇게 가혹한 환경 속에서 살다 보니 동물들은 아플 수밖에 없어요. 여러분을 한 반에 100명씩 몰아넣고, 외출 금지에 사탕만 먹고 지내게 한다고 상상해 보세요. 도저히 건강할 수가 없겠죠? 그래서 등장한 마법의 도구가 바로 항생제예요. 항생제는 세균을 죽이거나 억제하는 약물인데, 병원균을 죽여 증상을 없애는 역할을 해요. 하지만 유익한 세균도 같이 죽기 때문에 자주 복용하면 오히려 면역력이 떨어지죠. 축산업에서 항생제는 아픈 동물이 도축될 때까지 버티게 하는 용도로 변질됐어요. 값싼 고기를 위한 다분히 인간 중심적인 사고방식이랄까요. 얼마나 많이 쓰는지 의료용 항생제의 70퍼센트는 인간이 아니라 가축에 사용하고 있어요. 우유나 치즈 포장지에는 풀밭에서 한가로이 풀을 뜯는 소 그림이 있지만, 미국에서 이렇게 사는 소는 전체의 1퍼센트도 되지 않아요.

동물 복지를 이야기하면 사람 복지도 엉망인데 무슨 동물 걱정이냐, 동물을 먹는 것 자체가 학대 아니냐고 말하기도 해요. 하지만 "한 나라의 위대함과 도덕성은 동물을 대하는 태도로 알 수 있다"는 간디의 말처럼, 동물을 대하는 태도는 곧 사람을 대하는 태도로 이어지죠. 뉴욕 타임스 보도에 따르면 미국 돼지 도축장은 이직률이 100퍼센트라고 해요. 5,000명이 취직하면 1년 안에 모두 그만둔다는 뜻이죠. 열악한 환경 때문에 노동자 역시 가축처럼 호흡기 질환에 시달리고, 도축해야 하는 양이 워낙 많아 사고 위험도 커요. 그래서 대부분 멕시코나 중앙아메리카, 아프리카에서 온 불법 이민자들이 담당하죠. 물론 아무런 법적 보호도 받지 못하면서요. 또 공장식 축산이 유발하는 환경 오염은 주변 지역 주민들의 생활을 심각하게 위협해요. 의사들은 가축 항생제 남용에 따른 슈퍼 바이러스 출현을 경고하고 있고요. 이처럼 동물을 학대한 결과는 돌고 돌아 우리의 행복을 위협하게 돼요.

멀리 갈 필요 없이 우리나라도 달걀에서 살충제 성분이 나와서 난리가 났죠. 곤충을 죽이는 물질이 어떻게 달걀에서 나온 걸까요? 자연 상태의 닭은 여름에 흙 목욕을 해서 체온을 낮추고 진드기를 제거

해요. 건강을 유지하려면 꼭 필요한 일이죠. 하지만 좁은 우리에 닭을 몰아넣고 키우는 공장식 축산은 흙 목욕을 시킬 수 없어 살충제를 뿌려야 해요. 여기에는 닭에 쓰면 안 되는 피프로닐이라는 성분이 있어서, 원칙대로라면 닭을 다른 곳으로 옮긴 다음 뿌려야 하죠. 하지만 이를 지키지 않아 닭의 피부로 살충제가 흡수되고, 결국 달걀 속으로 들어간 것으로 추정하고 있어요. 이제 달걀 하나 먹기도 불안한 세상이 된 거예요.

다행히 유럽 연합을 중심으로 동물 복지에 관한 관심이 높아지고 있어요. 저렴한 음식 상품을 생산하려고 동물을 학대하는 공장식 축산에 반대해, 동물이 행복할 권리를 존중하기로 한 거죠. 덕분에 우리나라에서도 동물 복지를 중시하기 시작했어요. 기준을 지키지 않으면 유럽에 수출할 수 없게 됐으니까요. 마트에서 달걀을 고르다 보면 농림 수산부의 '동물 복지' 인증 마크가 보일 거예요. 1제곱미터당 닭을 9마리 이하로 키울 것, 부리를 자르지 않을 것, 횃대를 세울 것 등의 기준을 지켜야 인증 마크를 받죠. 또 친환경 축산물 인증 제도도 있어요. 유기 축산물과 무항생제 축산물로 구분하는데, 무항생제 축산물은 항생제, 항균제, 성장 촉진제 같은 의약품을 넣지 않은 사료로 키웠다는 뜻이에요. 그리고 같은 조건에서 유기농으로 재배한 사료로 쓰면 유기 축산물이 되죠. 이렇게 가축이 행복하게 자랄 권리를 고민하는 동물 복지 운동은 인간과 동물이 모두 행복한 지구를 만드는 활동으로 진화하고 있어요.

인류의 미래를 지키는 씨앗

가을이 되면 농부들은 한 해 동안 열심히 자란 식물을 수확해요. 씨앗 하나가 자라 풍성한 열매를 맺어요. 열매 안에는 씨앗이 빼곡하게 들어차죠. 수많은 씨앗 중 일부는 다시 땅에서 새로운 싹을 틔워요. 농부들은 뿌듯한 보람을 느끼며 내년에도 풍년이길 기원하죠. 우리가 상상하는 전형적인 농촌의 가을 풍경이에요. 그런데 현실은 그렇지 않다면 어떨까요? 농부가 씨앗을 가지는 일이 불법이라면? 아예 식물이 씨앗을 남기지 못하도록 설계되었다면? 안타깝지만 이런 황당한 이야기는 모두 현재 진행 중이에요. '씨앗'조차도 상품이 되었기 때문이죠.

모든 일은 1985년 미국에서 식물에 대한 특허를 인정하면서 시작되었어요. 그러자 카길이나 몬산토 같은 다국적 농기업은 자연에 있는 씨앗에 특허를 신청했어요. 유전자를 조작한 자신들의 씨앗 역시 고유 제품으로 특허를 냈죠. 오랫동안 카놀라를 키우던 농부의 밭에 몬산토의 유전자 조작 카놀라 씨앗이 날아와서 자란 적이 있는데, 특허를 침해했다는 이유로 그 농부의 카놀라가 모두 압수된 사건도 있었어요. 우리나라 토종 씨앗도 이미 상당수가 다국적 기업의 차지가 됐어요. 덕분에 청양 고추와 제주 감귤을 먹을 때조차 다국적 기업에 돈을 내야 해요.

문제는 이런 기업들은 자신들이 원하는 씨앗만 심게 한다는 점이에요.

그래서 전 세계 토종 씨앗이 사라지고 있어요. 농촌 진흥청 조사로는 우리나라 씨앗 조사 대상 중 한국 재래종은 26퍼센트뿐이었다고 해요. 다국적 기업의 씨앗을 이용하지 않으면 농사를 짓기조차 어려운 거죠. 그런데 이런 씨앗을 심으려면 반드시 한 번만 재배하고, 수확한 씨앗을 절대로 다시 심지 않겠다는 계약을 맺어야 해요. 특허로 보호받는 상품이니 농부가 가지면 특허법 위반이에요. 또 기업들은 한발 더 나아가, 유전자를 조작해 씨앗을 맺지 못하는 품종을 만들었어요. 씨앗이 다 여물기 전에 스스로 파괴하게 하는 거죠. 이런 씨앗은 다시 심어도 싹이 나지 않아요. 새싹을 틔우지 못하는 씨앗이라니 어딘가 섬뜩하지만, 기업으로서는 대단히 매력적인 상품이에요. 매년 씨앗을 팔 수 있으니까요.

하지만 모든 획일화가 그렇듯이, 씨앗 획일화는 우리의 행복을 심각하게 위협해요. 옛날 아일랜드에서는 다양한 곡식이 자랐지만, 영국인 지주들이 수확물을 모두 가져가 농민들은 감자로 연명했어요. 그런데 1840년대에 감자 마름병이 퍼지자 아일랜드의 감자 생산량이 줄어들었죠. 감자 품종이 단 하나였는데, 하필 마름병에 약한 품종이었어요. 그 결과 무려 100만 명이 굶어 죽는 대기근이 발생했어요. 불평등한 사회 구조가 만든 음식 획일화가 얼마나 무서운지를 잘 보여 주는 사건이죠.

지금은 유전자 조작으로 병충해에 강한 품종을 기르니 문제가 없다는 주장도 있어요. 하지만 기업들은 주로 자사 제초제와 농약에 죽지 않는 품종을 만들죠. 다른 회사 제품을 사용하면 곤란하니까요. 만약 제초제와 농약이 듣지 않는 병충해가 나타난다면 어떨까요? 답은 인도 목화 사태에서 확인할 수 있어요. 인도 정부는 농업 시장을 개방하고 미국 기업이 개발한 목화 씨앗을 심으면 지원금을 주기로 했어요. 농부들은 토종 씨앗 대신 유전자 변형 씨앗을 심었죠. 그런데 목화 열매를 파먹는 새로운 벌레가 나타났고, 농부들은 큰 손해를 입었어요. 그 뒤 몬산토에서 병에 강하다는 새로운 유전자 조작 씨앗을 판매했어요. 가격이 4배나 비쌌지만, 농부들은 빚을 내서라도 사야만 했죠. 하지만 내성이 생긴 벌레들은 죽지 않았고, 가난에 시달린 농부 20만 명은 결국 삶을 포기하고 말았어요.

하지만 씨앗으로 세상을 바꾸는 사람들이 있으니 절망하지 마세요. 지역 재래종 씨앗을 보존하고 보급하는 운동이 세계 곳곳에서 진행 중이에요. 슬로푸드 협회가 하는 맛의 방주 운동처럼 씨앗을 보존하자는 뜻에서죠. 씨앗 보존을 전 세계로 확대한 곳도 있어요. '생명의 도서관'이라 불리는 스발바르 국제 종자 저장고예요. 이곳은 노르웨이 정부와 세계 작물 다양성 재단이 운영하는 시설로, 어떤 재앙에도 씨앗들을 보존한다는 목적으로 건설되었어요. 현재 86만 개가 넘는 씨앗을 안전하게 보관하고 있죠. 전기가 끊어져도 온도를 유지하고, 지구 온난화로 해수면이 높아지거나 지진이 일어나도 끄떡없는 구조를 자랑하죠. 핵전쟁이 일어나거나 소행성이 떨어져도 씨앗 저장고는 안전하다고 해요. 노르웨이에서 운영하는 이유도 전쟁 위험이 가장 낮은 국가이기 때문이고요. 언젠가 찾아올지도 모르는 식량 위기에서 인류를 구할, 그야말로 지구의 행복을 지키는 시설이에요.

03

행복의 종착지,
정의로운 밥상

굶주리는 사람들

지금까지 음식과 행복에 관한 다양한 주제를 살펴보았어요. 그런데 음식이 행복의 원천이라면, 가장 행복하지 못한 사람들은 굶주림에 시달리는 이들이겠죠. 안타깝지만 이런 사람들은 생각보다 훨씬 많아요. 2015년 세계 식량 계획 보고서를 보면 전 세계에서 음식을 충분히 못 먹는 사람은 무려 7억 9천5백만 명이에요. 꾸준한 노력 덕분에 많이 줄긴 했지만, 여전히 9명 중 한 명은 굶주림에 시달린다는 뜻이죠. 1초에 5명의 어린이가 영양실조로 사망한다고 해요. 시야를 조금만 넓히면, 지구는 아직 충분히 행복하지 못한 곳이에요.

기아 문제를 이야기하면 사람들은 대부분 아프리카나 방글라데시 같은 대단히 가난한 지역을 떠올려요. 하지만 우리나라에서도 2016년 기준 40여만 명의 아동들이 굶주리고 있어요. 그리고 우리가 선진국이라 생각하는 나라에도 굶주리는 사람들은 뜻밖에 많아요. 미국만 해도 약 6백만 명의 아이들이 충분한 음식을 먹지 못하고 있어요. 그래서 푸드 뱅크를 비롯한 수많은 구호 단체가 기증받은 음식을 무료로 나눠 주죠. 또 늘어만 가는 아동 비만도 일종의 영양결핍으로 봐야 해요. 균형 잡힌 식사를 하지 못하기 때문에 살이 찌는 거죠. 실제로 미국에서는 빈민층 사람들이 오히려 비만율이 더 높아요. 비싼 신선 식품 대신 저렴한 패스트푸드와 가공식품에 의존해야 하니까요.

그런데 황당하게도 미국은 세계에서 음식을 가장 많이 버리는 나라기도 해요. 한 해 생산되는 식량의 20퍼센트를 그냥 버리는데, 무려 4천9백만 명이 충분히 먹고살 양이죠. 유통 기한이 지나 버리기도 하고, 못생기거나 너무 작아서 상품 가치가 없다는 이유로 버리기도 하지만, 생산량이 너무 많아 시장 가격이 내려갈까 봐 그냥 버리는 양도 상당해요. 미국뿐만 아니라 유럽도 마찬가지예요. 식량 생산량과 소비량을 비교해 보면, 유럽 국가 대부분은 생산량이 2배 이상 많다고 해요. 그렇다면 이렇게 많은 식량은 대체 어디로 간 걸까요?

사실 우리는 이미 120억 명이 충분히 먹고살 음식을 생산하고 있

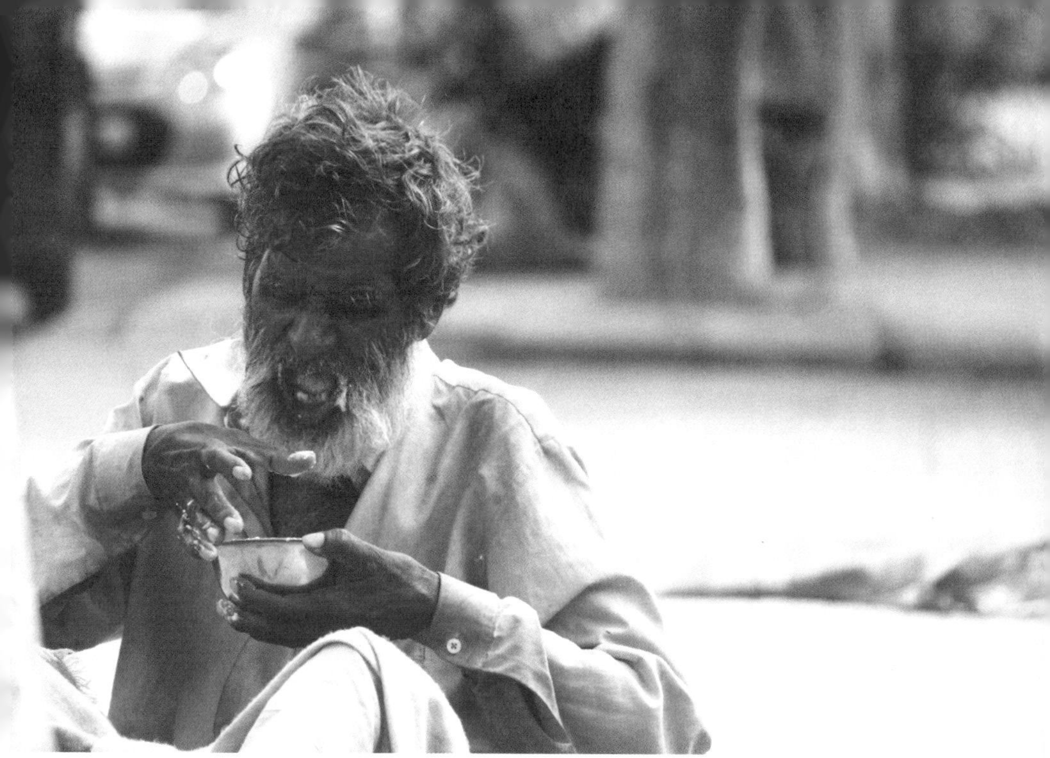

사람들이 굶주리는 이유는 사회가 정의롭지 못해서다.

어요. 엄청난 양의 식량을 만드느라 지구 환경을 마구 훼손하면서요. 하지만 어찌 된 일인지 누군가는 너무 많이 먹고, 누군가는 식량을 구할 수조차 없죠. 그렇다면 부유한 사람들이 가난한 사람들에게 남는 음식을 주면 문제가 풀리지 않을까요? 한 나라 안에서는 물론, 나라와 나라 사이에도 이 논리를 적용하면 전 세계 기아 문제를 한 방에 해결할 수 있을 거예요. 그렇지만 이 문제는 그렇게 간단하지 않아요. 먹을거리를 모든 사람에게 골고루 나눠 주려면 사회가 정의로워야 하기 때문이죠. 나 혼자의 행복을 넘어 세상의 행복을 고민하려면 사회 정의를 생각하지 않을 수가 없어요. 정의로운 밥상이야말로 음식을 둘러싼 수많은 문제를 해결할, 행복의 종착지니까요.

불평등한 밥상 뒤에 불평등한 사회

사람들이 굶주리는 이유가 사회가 정의롭지 못해서라니 너무 거창한가요? 기아에 시달리는 나라를 자세히 살펴보면 이상한 사실을 알게 돼요. 세계 최빈국에 속하는 방글라데시는 비옥한 땅을 자랑하는 농업 강국이지만, 국민 3분의 1이 굶주림에 시달리죠. 사하라 사막 남쪽에 있는 국가들은 식량 수출국이지만 국민들은 심각한 기아로 고통받고 있어요.

이런 나라들은 한 가지 공통점이 있어요. 바로 극심한 빈부 격차예요. 방글라데시는 우리 돈 2만 원으로 한 달을 사는 빈민이 가득하지만, 국회 의사당은 타임지가 세계 100대 건축물로 선정할 정도로 화려해요. 국가 자원의 90퍼센트를 상위 10퍼센트 국민이 독점하죠. 사하라 남부 지역은 빈부 격차가 세계 최고 수준이며, 부정부패가 너무 심해 구호 단체가 식량을 지원해도 가난한 사람들에게 돌아가지 않아요. 앞에서 말한 미국의 상황도 상위 1퍼센트가 전체 부의 42퍼센트를 독식하는 사회 구조와 무관하지 않아요.

이보다 더 끔찍한 원인은 국민이 밥을 먹는 일에 관심이 없는 정부예요. 2008년 미얀마에서는 초강력 태풍 때문에 150만 명이 넘는 이재민이 발생했어요. 세계 식량 계획을 포함한 전 세계 구호 단체가 긴급 식량 원조에 나섰지만, 미얀마 정부는 외국 요원들이 들어오지 못하게 막았어요. 유엔의 구호품 수송기를 압류하기까지 했어요. 오랫동안 유지해 온 독재 체제가 흔들릴까 봐 걱정돼서였죠. 국민은 당장 생명이 위험한 상황이었지만, 미얀마 정부는 국민을 돌보는 대신 정권 유지에 유리하게 법을 바꾸는 투표를 강행했어요. 아프가니스탄에서도 비슷한 사건이 있었죠. 1996년 아프가니스탄을 점령한 무장 단체 탈레반은 밀밭을 없애고 양귀비를 키우게 했어요. 아편을 생산해 활동 자금을 마련할 목적이었죠. 농부들은 어쩔 수 없이 양귀비를 키웠고, 아프가니스탄의 식량 생산량은 급감하고 말았어요.

곡물 수출량이 세계 최고 수준인 브라질에서도 수천만 명이 영양실조로 고생했어요. 브라질은 인구의 2퍼센트가 전체 농경지의 절반을 소유하고 있어요. 국민 30퍼센트가 배고픔에 시달리던 브라질에서 룰라루이스 이나시우 룰라 다 시우바 전 대통령은 재임 시절2003~2010년 '포미제로Fome Zero'를 실시했어요. '굶주림 없음'이라는 뜻인 이 정책의 목표는 모든 국민이 하루 세끼 밥을 먹게 하는 거였어요. 빈민층이 식량을 사도록 매달 보조금을 제공하고, 학교에서는 무상 급식을 시작했어요. 또 대기업 대신 가족 중심의 소규모 농가에 대한 지원을 강화했죠. 그 결과 2천만 명 이상이 배고픔에서 벗어났고, 룰라 대통령은 기아와 빈곤을 퇴치한 공로를 인정받아 세계 식량상과 기아 퇴치상을 받았죠.

세계에서 가장 행복한 나라로 유명한 부탄도 경제 지표로만 보면 대단히 가난해요. 하지만 국왕이 앞장서서 국민의 행복도를 높이는 정책을 선보였죠. 관광 수입보다 환경을 더 중시해서 외국 관광객 수를 제한하고, 숲이 국토의 60퍼센트 이상을 유지하도록 법으로 규정했어요. 교육과 의료가 무료고 빈부 격차가 매우 적어 굶는 사람이 거의 없어요. 덕분에 나라는 가난하지만, 전 국민의 97퍼센트가 행복하다고 대답하는 행복 강국이 되었어요.

룰라 대통령과 부탄 국왕의 이야기는 사람들이 굶주림에 시달리는 진짜 원인을 말해 주죠. 음식이 부족해서가 아니라 음식을 골고루 나누지 못하는 불평등한 사회가 문제인 거예요. 그렇다면 우리나라는 어떨까요? 안타깝지만 우리나라는 소득 불평등이 아시아에서 가장 빠르게 증가했어요. 상위 10퍼센트가 차지하는 소득 비율도 45퍼센트로 아시아 국가 중 최고 수준이에요. 그만큼 음식 문화도 양극화되었죠. 가난할수록 가공식품 섭취가 늘어나 비만율이 높아지는 미국의 문제가 우리나라에서도 진행 중이고요.

이렇게 밥상은 사회가 얼마나 정의로운지를 보여 주는 지표가 되기도 해요. 여러분도 1등만 살아남는다거나, 상위 1퍼센트가 돼야 한다는 말을 자주 들을 거예요. 가난한 사람들은 충분히 노력하지 않았으니 불행해도 어쩔 수 없다고 말 하는 사람도 있죠. 하지만 1등만 살아남는 나라보다, 최대한 많은 사람이 행복한 나라가 훨씬 좋지 않을까요? 상류층이 되지 못하면 밥조차 제대로 먹지 못할 거라 벌벌 떨 필요도 없고, 하류층이 될지도 모른다는 불안에 시달리지 않을 테니까요. 평화平和라는 한자를 풀면 골고루平 벼禾 즉, 쌀이 입口으로 들어간다는 뜻이에요. 그만큼 음식을 나누는 일은 생각보다 중요한 일이죠. 모두가 행복한 세상을 만드는 기본 중의 기본이니까요.

우리 주위에 있는 노동과 인권 문제

음식으로 행복한 세상을 만들 때 해결해야 할 또 하나의 중요한 문제는 '인권'이에요. 심각하고 진지한 주제인 인권과 음식이라니, 조금 생뚱맞게 들릴지도 몰라요. 하지만 음식이야말로 인권을 말하기에 딱 좋은 주제예요. 커피, 차, 설탕, 후추, 바나나, 파인애플, 연어, 참치처럼 우리가 흔히 접하는 수많은 음식이 인권 문제에서 벗어날 수 없으니까요. 노예 제도가 존재하던 시대에나 있었을 법한 사건이 지금도 벌어지고 있어요. 그래서 많은 인권 운동가가 음식 산업에서의 인권 유린을 막고자 노력하죠.

해산물 중에 가장 많이 팔리는 새우를 한 번 살펴볼까요? 2014년 AP 통신은 태국 새우 산업에서 벌어지는 강제 노동을 폭로했어요. 노동자들은 하루 16시간씩 차가운 물에 손을 담그고 새우 껍질을 까야 해요. 이름 대신 번호로 불렸고, 점심시간은 고작 15분이었죠. 임금은 형편없는 수준이었고 아무 이유 없이 삭감되곤 했고요. 물론 불법이지만, 대부분 미얀마 등지에서 납치된 사람들이라 법의 보호도 받지 못했어요. 더 심각한 문제는 아동 노동이었어요. 학교에 가야 할 아이들이 부모와 함께 가혹한 노동에 시달렸어요. 국제 노동 기구에 따르면 태국의 대표적인 새우 생산지에서 일하는 13~15살 아동이 만 명에 달한다고 해요.

이렇게 생산한 값싼 태국산 새우는 미국, 유럽, 아시아의 대형 마트를 통해 팔려 나갔어요. 충격적인 진실을 접한 전 세계 소비자와 인권 단체는 태국 정부에 항의하고 불매 운동을 벌였죠. 덕분에 수많은 사람이 강제 노동에서 벗어나 고향으로 돌아가게 되었어요. 하지만 새우를 비롯한 수산물 수출이 태국의 대표 수입원인 데다, 인신매매를 동원하면 큰돈을 벌 수 있다 보니 완전히 근절되진 않아요.

사실 이 문제는 태국뿐만 아니라 전 세계의 골칫거리예요. 우리나라에서도 농축산업에서 종사하는 이주 노동자의 인권 문제가 논란이죠. 일은 고되고 임금은 낮으니 주로 외국인 노동자들이 농촌과 어촌에서 일하는데, 많은 사람이 법적으로 보장된 권리조차 누리지 못한 채 학대와 착취에 시달리고 있어요. 최저 임금은 고사하고 휴일도 없이 일하며 비닐하우스에서 자야 하죠. 국제 앰네스티와 이주 인권연대, 국제슬로푸드 한국협회 등이 이주 노동자들이 인간답지 못한 삶을 살며 생산한 음식들을 알리기 위해 힘을 합쳐 '인권 밥상' 캠페인을 진행하기도 했죠. 우리 밥상에 오르는 음식이 인권을 짓밟은 결과는 아닌지 살펴보자는 취지였어요.

이런 인권 문제는 우리 주위에서 쉽게 찾아볼 수 있어요. 우리가 매일 접하는 음식이라면 더더욱 그렇겠죠. 혹시 '맥잡McJob'이라는 말을 들어 본 적 있나요? 사전에서는 "단조롭고 급료가 낮은 일, 장래성이 없는 직업"이라고 정의해요. 그런데 이 말은 맥도널드McDonald와 일자리Job를 합친 단어예요. 웬만한 동네에는 다 있는, 우리가 애용하는 음식점이 재미도 없고 미래도 없는 형편없는 일자리의 상징이라는 뜻이죠.

음식점 근무는 절대로 쉬운 일이 아니에요. 오히려 노동 시간과 강도가 상당히 높은 편이에요. 하지만 어째서인지 요식업 종사자의 인권은 제대로 보장받지 못해요. 당연하다는 듯이 최저 임금을 받아야 하고, 쉽게 해고 당하지만 노동조합을 결성해 권리를 주장하지도 못해요. 일하다 다쳐도 보상받는 사람은 많지 않죠. 또 사회적 대우가 좋지 않다 보니 흔히 말하는 갑질을 당하기도 하죠. 그래서 "남의 집 귀한 자식"이라 적힌 유니폼을 아르바이트생이 입고 일하는 카페와 공손한 말투로 주문할수록 가격이 저렴해지는 카페가 화제가 되기도 했어요.

음식점에서 일하는 노동자들이 겪는 현실은 인권 문제가 곧 우리의 문제임을 보여줘요. 내가 매일 이용하거나 일하는 곳에서 발생하는 일이니까요. 세계 곳곳에서 음식점에서 일하는 노동자의 인권을 지키려는 노력이 진행 중이에요. 가장 대표적인 사건은 맥잡의 반란이라 할만한, 패스트푸드 노동자들의 최저 임금 인상 시위예요. 2012년 뉴욕에서는 시간당 7.25달러인 최저 임금을 15달러로 올리자는 운동이 시작됐어요. 미국에서 가장 임금이 낮은 노동자 집단이 패스트푸드 직원인 만큼, 이들의 임금을 올리면 최저 임금이 올라갈 테니까요.

그래서 뉴욕시의 패스트푸드 노동자 200여 명이 파업을 선언했고, 다음 해에는 100여 개 도시의 다른 패스트푸드 노동자들이 파업에 동참했어요. 보육 교사나 요양 보호사 같은 다른 저임금 노동자들도 합류했고요. 덕분에 미국에서는 최저 임금에 대한 논의가 활발해졌고, 당시 오바마 미국 대통령은 "최저 임금으로 가족을 부양할 수 있다고 믿는다면 직접 해 봐라"라는 연설까지 했죠. 결국 뉴욕과 로스앤젤레스를 비롯한 여러 도시가 최저 임금을 15달러로 올리는 법을 통과시켰고, 천만 명이 넘는 사람의 시급이 3~7달러 올랐어요. 노동자들의 수입이 늘자 그만큼 소비가 늘어나 기업의 매출이 늘어나는 선순환이 나타나면서, 전체 노동자의 임금을 올려 경기를 부양해야 한다는 주장까지 나오고 있어요.

우리나라에서는 시민·노동 단체들이 최저 임금 1만 원 인상 운동을 진행 중이에요. 현재 최저 임금 수준으로는 인간다운 삶을 누리기 어려우니, 최소한의 생활을 보장하는 생활 임금 1만 원을 실현하겠다는 취지죠. 우리나라에서는 예전에 30분 배달 보증제가 있었어요. 30분 안에 음식을 못 받으면 음식값이 공짜였죠! 그런데 알고 봤더니 상당수의 업체가 못 받은 음식값을 배달원 급료에서 제하고 있었어요. 그래서 배달 노동자들은 늦지 않으려고 무리하게 운전해야 했고 사고도 많이 당했어요. 진실을 안 사람들은 차라리 주문을 안 하겠다고 선언했고, 결국 30분 배달 보증제 자체가 사라졌어요. 우리 주위 사람들의 인권에 관한 관심이 사회적 변화로 이어진 거죠. 이런 변화 덕분에 세상은 느리지만 조금씩 나아지는 게 아닐까요?

커피와 초콜릿에 담긴 눈물

세상을 바꾸는 음식의 마지막 주제는 공정 무역이에요. 공정 무역은 이제까지 이야기한 환경, 동물 복지, 인권 등의 문제를 모두 해결할 수 있는 대단히 중요한 운동이에요. 여러분도 공정 무역 원두만 쓴다는 카페를 본 적이 있을 거예요. 그런데 공정 무역이 있다면, 공정하지 못한 무역도 있다는 말일까요? 불공정한 무역은 대체 뭘까요? 가장 대표적인 상품인 커피와 초콜릿을 통해 자세히 알아보기로 해요.

커피는 세계에서 석유 다음으로 많이 거래되는 물건이에요. 2013년에는 874만톤, 잔으로 따지면 1조 2,495억 잔이 팔릴 정도죠. 그런데 커피가 어떤 과정을 거쳐 우리 손에 들어오는지를 조사해 보니, 충격적인 사실이 밝혀졌어요. 아프리카나 브라질처럼 대부분 남반

구에 있는 커피 농가가 가져가는 몫은 커피값의 1퍼센트도 되지 않았어요. 나머지 99퍼센트는 대형 유통 업체나 중간 거래상의 차지였죠. 원두를 기르고 수확하는 농민들은 온종일 고된 노동에 시달려도 가난에서 벗어나지 못했어요. 국제 원두 가격이 내려가면 피해는 대기업이 아닌 농민들이 감당해야 했고요.

초콜릿의 원료인 카카오 농가의 현실도 마찬가지예요. 전 세계에서 카카오 농사로 살아가는 사람은 5천만 명에 달하는데, 대부분 하루 생활비가 2,400원이 안 될 정도죠. 특히 초콜릿 산업은 아동 노동이 심각한 수준이에요. 아프리카 카카오 농장에는 180만 명이 넘는 아동이 1년에 20만 원도 안 되는 돈을 받고 일해요. 학교를 다니는 것은 꿈도 꾸지 못한 채 위험한 농기구와 농약까지 다뤄야 해요. 우리가 먹는 달콤한 초콜릿이 이렇게 무시무시한 아동 학대의 산물이라니, 놀랍지 않나요?

이런 현실에 대한 분노는 공정 무역에 관한 관심으로 이어졌어요. 공정 무역의 가장 큰 특징은 생산자에게 공정한 몫을 보장한다는 거예요. 제품 가격이 조금 비싸더라도 생산자의 행복한 삶을 보장하기 위해 공정한 가격을 지불한다는 뜻이죠. 게다가 시장 가격이 내려가도 생산자에게 돌아가는 몫이 줄지 않으니, 농부들은 안심하고 농사 지을 수 있고요. 또 공정 무역은 생산자들의 자립을 지원해요. 값싼 노동력을 제공해야 하는 착취적 관계에서 벗어날 힘을 길러 주는 거죠. 그래서 공정 무역 인증을 받으려면 아동 노동은 당연히 금지고,

공정 무역 인증 마크.

환경을 파괴하거나 동물을 학대하는 농사법도 사용하면 안 돼요. 공정 무역의 판매 수익은 생산지에 학교와 병원 같은 시설을 짓는 데도 투자돼요.

공정 무역의 생산자 자립 지원은 단순한 원조보다 훨씬 효과적이에요. 실제로 필리핀의 네그로스 섬에는 서양에 수출하는 사탕수수 농장이 가득했는데, 농민들의 급여는 온 가족이 한 끼 먹기도 어려웠죠. 설상가상으로 세계 설탕 가격이 폭락하자 수많은 아이가 배고픔에 시달렸어요. 다행히 전 세계에서 원조가 들어왔지만 당장 배고픔만 해결해 줄 뿐 근본적인 문제는 해결되지 않았죠. 하지만 공정 무역은 수많은 농민이 농장주 한 명에 고용되어 일하는 대신, 가족 단위로 자립적으로 유기농 사탕수수를 기를 수 있도록 지원했어요. 덕분에 농민들은 외국의 원조에 의존하지 않고도 안정적으로 살아가게 되었어요. 그리고 네그로스는 윤리적인 설탕을 생산하는 명소가 되었죠.

우리나라에서는 2000년대부터 시민 단체를 중심으로 공정 무역 운동이 시작되었어요. 이후 '두레생협연합회'가 필리핀산 공정 무역 설탕을, '아름다운가게'가 네팔의 소규모 가족 농가가 재배한 공정 무역 커피를 소개했죠. 이 두 제품이 큰 인기를 끌면서 공정 무역에 대한 관심이 급증했어요. 2007년에는 '페어트레이드 코리아'가 출범해, 네팔 여성들의 자립을 지원하는 옷과 생활용품을 소개하면서 공정 무역의 범위가 더 넓어졌어요. 또 기아대책 행복한 나눔, 아이쿱 생협, 한국YMCA 같은 단체에서도 공정 무역 인증을 받은 커피, 사탕, 올리브유, 후추 등을 판매하죠. 자세한 정보는 한국 공정 무역 단체 협의회http://kfto.org/에서 확인할 수 있어요.

더 나은 세상을 꿈꾸는 새로운 기업

앞에서 음식은 상품이 되었고, 기업은 음식 상품으로 이익을 얻어야 하므로 우리의 식생활이 혼란스러워졌다는 이야기를 했죠. 기업이 나쁜 곳이라는 이야기는 아니에요. 다만 구조상 사람들의 행복보다는 수익을 더 중시할 수밖에 없는 곳이죠. 그런데 기업에 대해 이런 고정관념에 반기를 든 곳이 있어요. "우리는 다른 가치를 추구하겠다!"라고 외치는 사회적 기업과 협동조합이죠. 비록 규모가 크지 않아 많이 알려지진 않았지만, 더 나은 세상을 꿈꾸는 대안 기업들은 꾸준히 증가하고 있어요. 이런 곳이 우리 사회를 바꿀 만큼 충분히 늘어난다면 놀라운 일이 일어나지 않을까요?

사회적 기업은 수익 창출보다 사회적 가치 창출을 중시하는 기업이에요. 장애인과 노숙자 계층을 돕고자 설립한 미국의 루비콘 제과가 대표적인 사회적 기업이에요. "빵을 팔기 위해 고용하는 것이 아니라 고용하기 위해 빵을 판다"는 말로 유명한 곳이죠. 영국에는 "마카롱 하나가 팔릴 때마다 세상이 바뀐다"고 말하는 미스 마카롱이 있어요. 이 기업은 학교를 중퇴하거나 보호 시설에서 나온 후 취업에 어려움을 겪는 청소년을 마카롱 전문가로 육성하죠. 5년 안에 달성 가능한 꿈을 찾아보게 하고 지원해 주는 교육 프로그램도 진행 중이에요.

우리나라에도 음식으로 더 나은 세상을 만드는 사회적 기업이 많아요. 천안에는 즐거운 밥상이라는 사회적 기업이 결식아동과 독거노인층에 도시락을 배달하죠. '떡찌니'처럼 한부모 가정이나 새터민처럼 취업이 어려운 사람들을 고용해 음식을 만드는 기업도 있어요. 또 다문화 여성의 자립을 지원하는 '오요리 아시아'는 이주 여성들의 요리 솜씨를 활용해 근사한 퓨전 레스토랑을 운영하죠.

사회적 기업은 장애인에 대한 사회적 편견에 도전하기도 해요. 장애인과 비장애인 직원들이 힘을 합쳐 쿠키를 굽는 '위캔쿠키'는 판매 수익금 전액을 장애인 자활에 투자하죠. '커피지아'라는 사회적 기업은 한 가지 일에만 집중하는 발달 장애인의 특성을 활용해, 뛰어난 커피콩 감별사를 육성하고 있어요. '베어베터'라는 기업은 발달 장애인을 고용해 빵과 쿠키를 굽는데, 일하는 환경 자체를 발달 장애인에 맞게 설계했어요. 덕분에 웬만한 일반 기업 부럽지 않은 수익을 기록하죠. 사회적 편견을 부수는 기업이라니, 멋지지 않나요?

또 전주 지방을 중심으로 활동하는 사회적 기업 '이음'은 썰렁하던 남부시장 2층에 레알 뉴타운이라는 청년 시장을 만들었어요. 젊은 사업가들이 마음껏 꿈을 펼칠 공간을 마련해 준 거죠. 1년 동안 임대료는 5만 원만 받는 데다, 각종 창업 지원까지 해 주는 파격적인 조건을 내걸었어요. 다만 이미 있는 가게와 업종이 겹치면 안 됐어요. 경쟁을 피하고 다양성을 확보하기 위해서였죠. 덕분에 레알 뉴타운은 독특한 개성을 자랑하는 가게에서 다양한 요리와 음료를 즐기는 지역 명소로 발전했어요. 지금은 전주 지방을 대표하는 관광지가 되었어요.

협동조합은 일반 기업과는 달리 조합원들이 함께 자금을 마련해 설립하고, 운영 목적도 조합원 전체의 삶의 질 향상이에요. 운영 원칙에 "조합 자체의 영리보다 조합원의 상호 부조를 목적으로 한다"라고 정할 정도죠. 뭔가를 결정할 때도 돈을 얼마나 많이 냈느냐에 상관없이, 모든 조합원이 한 표를 행사해요. 이렇게 함께 잘 살자는 정신을 강조하는 협동조합은 빈부 격차에 시달리는 경쟁 사회의 대안으로 떠오르죠. 모두가 즐겁게 밥을 먹자는 마음은 협동조합과 아주 잘 어울리기에, 음식은 협동조합 운동에서도 중요한 역할을 차지해요. 사실 회사를 의미하는 컴퍼니Company라는 말 자체가 함께com 빵pany을 먹는다는 뜻이에요. 그러니 같이 밥을 먹자고 말하는 협동조합이야말로 진정한 회사일지도 몰라요.

마트에 가면 썬키스트 오렌지와 제스프리 키위가 보일 거예요. 둘 다 대기업으로 오해받을 정도로 규모가 큰 협동조합이죠. 썬키스트는 유통업자들의 횡포를 참다못한 미국 오렌지 농가들이 생산, 판매, 유통까지 직접 해결하고자 만든 조합이에요. 제스프리는 키위 가격 폭락으로 어려움을 겪던 뉴질랜드 키위 생산자들이 결성했죠. 두 협동조합 모두 생산자들의 안정적인 수익을 보장하고 지나친 경쟁을 막고자 노력했어요. 결국 어려움에 시달리던 수많은 농민이 가입했고, 위기에 빠졌던 오렌지와 키위 산업까지 살아났어요. 우리나라에서는 친환경 음식 생산자와 소비자를 연결해 주는 생활 협동조합이 인기를 끌고 있어요. 한살림, 두레생협연합회, 행복중심생협 등이 대표적이에요. 단순히 친환경이나 유기농 음식 판매점으로 아는 사람도 많지만, 환경 운동이나 다양한 마을 모임 같은 대안적인 가치를 추구해요.

협동조합은 대기업 중심 음식 산업의 부작용을 해소할 방법이기도 해요. 서울 서대문구와 은평구에서는 동네 빵집 11곳이 힘을 합쳐 동네빵네 협동조합을 만들었어요. 돈이 많이 드는 일은 함께 모은 출자금으로 해결하고, 마케팅도 공동으로 진행해 동네 빵집의 약점을 보완하죠. 그러면서도 각 빵집의 개성은 살아 있어 하나씩 찾아가 보는 재미가 있어요. 또 협동조합은 구성원 모두의 행복을 추구하는 특성상 노동자 인권 보호에도 유리해요. 주식회사에서 협동조합으로 전환한 해피브릿지는 더 파이브라는 노동자 협동조합 햄버거 가게를 열었어요. 매출 극대화가 아닌 직원들이 일하기 편한 가게를 목표로 하는 곳이에요. 게다가 협동조합이기 때문에 출자금을 내면 직원이자 공동 대표가 될 수도 있죠.

서울 서촌에도 협동조합 사이 좋은 마을에서 만든 '사이 좋은 카페'가 있어요. 카페 설계와 공사까지 직접 했으며, 조합원 130명이 함께 꾸려가고 있죠. 직원과 사장의 구분이 없으니 노동법을 위반하거나 흔히 말하는 갑질도 없겠죠?

물론 이런 대안 기업과 앞에서 말한 대안 농업, 공정 무역 중 어느 것도 아직 완벽하진 않아요. 여러분이 나서서 해야 할 일이 많아요. 음식으로 세상을 바꾸는 새로운 혁명가의 등장을 기대해요.

질문과 답변

알고 싶어요

채식에 대해 알려 주세요

요즘 "채식으로 지구를 살립시다"라는 말을 종종 듣죠. 환경 오염, 기아, 동물 학대, 지구 온난화 같은 문제는 육식 때문에 생기니 채식을 해야 한다는 주장이죠. 단순히 건강이나 다이어트 때문에 채식을 선택하는 사람도 제법 늘었고요. 우리에게는 생소하던 채식주의자 전용 식당과 쇼핑몰도 생겼고, 비행기에서도 채식주의자용 기내식을 따로 제공하죠.

음식과 환경 부분에서 살펴보았듯이 실제로 육식 위주의 식생활은 환경 파괴와 동물 학대, 지구 온난화의 주요 원인이에요. 식단에서 육식 비율이 높은 나라는 단연 미국인데, 전 세계 사람들이 미국인처럼 먹으려면 지구가 5개 필요하다고 해요. 그만큼 자원을 많이 써야 한다는 이야기죠. 실제로 쇠고기 1킬로그램을 생산하려면 옥수수 같은 곡물 8킬로그램이, 돼지고기는 곡물 4킬로그램이 필요해요. 과도한 육식의 부작용은 중요하고도 인기 있는 주제라 관련 책을 쉽게 찾아볼 수 있죠.

그렇다면 채식이 이 모든 문제를 해결할 만능열쇠일까요? 안타깝지만 채식에도 단점과 한계가 존재해요. 우선 육류에 풍부한 필수 아미노산, 칼슘, 비타민 B_{12}가 결핍되기 쉬워요. 특히 비타민 B_{12}는 채식만으로 섭취하기가 대단히 어려워서, 미국 식품 의약처가 채식주의자에게 비타민 B_{12}

보충제 섭취를 권고할 정도예요. 특히 성장기 청소년이나 임산부에게는 완전 채식 식단이 더 위험할 수도 있어서 많은 완전 채식주의자들이 임신하면 채식을 포기하기도 하죠.

중요한 것은 균형이에요. 앞에서 말한 채식에 따른 건강 문제도 육류 과잉 섭취와 똑같은 영양소 결핍에서 오는 문제예요.

채식에도 아주 다양한 세계가 존재해요. 우리가 흔히 생각하는 채식주의자는 완전 채식주의자라고도 하는 비건Vegan에 해당하죠. 쇠고기와 돼지고기 같은 붉은 살코기는 물론 닭이나 오리 같은 가금류, 달걀, 생선, 우유, 치즈, 꿀, 동물성 색소가 들어간 음료수도 먹지 않아요.

다음으로 '우유'를 뜻하는 락토Lacto 채식주의자는 우유, 치즈, 요구르트 같은 유제품은 먹는 사람들이에요. '알'을 의미하는 오보Ovo 채식주의자는 채소와 달걀만 먹죠. 둘을 합친 락토 오보Lacto-Ovo는 유제품과 달걀은 먹는 사람들이겠죠. 락토 오보에서 생선과 해산물까지 허용하면 페스코Pesco가 되죠. 붉은 살코기만 먹지 않는 사람들은 세미Semi 채식주의자라고 해요.

채식을 실천하는 방법도 아주 다양해요. 전설적인 밴드 비틀스의 폴 매카트니는 "고기 없는 월요일"을 제안했어요. 일주일에 월요일 하루만이라도 고기를 먹지 말고 식생활에 대해 고민해 보자는 캠페인이죠. 주중 채식주의라고 해서 평일에는 채식을 하고, 주말에는 감사한 마음으로 육식을 하는 사람도 있어요. 뭐가 이렇게 복잡하냐고 할지도 모르지만, 한쪽으로 치우친 음식 문화의 균형을 회복하려는 시도는 다양할수록 좋지 않을까요?

건강과 다이어트를 위해 채식을 하고 싶다면 공부를 열심히 해야 해요. 식단도 신경 써서 짜고 부족한 영양소는 따로 섭취해야 하죠. 꼭 완전 채식주의를 고집할 필요는 없으니, 다양한 방법을 실험해 보면서 세상을 구할 나만의 식단을 만들어도 좋고요.

우리나라에서 채식은 건강을 위해 한다는 느낌이 강하지만, 서양에서는 가치관 표현인 경우가 많아요. 잔인한 공장식 축산업에 맞서 동물을 보호하거나, 사라져 가는 숲을 지킬 방법으로 채식을 선택하는 거죠.

요리사가 되려면 어떻게 해야 하나요?

요즘 쉐프 열풍 덕분에 요리사의 인기가 높아지고 있죠. 공무원, 연예인과 함께 청소년 10대 인기 장래 희망에 선정될 정도니까요. 그만큼 진지하게 요리사를 꿈꾸는 청소년이 많죠. 하지만 부모님이나 선생님께 요리사가 되고 싶다고 하면 응원보다는 다시 생각해 보라는 대답이 더 많을 거예요. 동서고금을 막론하고, 요리사는 힘든 직업의 대표 주자니까요. 『조선왕조실록』에도 요리사들이 일이 힘들다고 하소연하는 내용이 있다고 해요. 요리 강국인 프랑스에서도 매년 제빵사 지망생이 줄어서 고민이고요. 요리사들이 체력 소모가 많기 때문이에요. 무거운 조리 기구를 다루면서 하루에 몇백 그릇을 만들기란 절대로 만만한 일이 아니니까요. 밥도 남들보다 늦게, 빨리 먹어야 해서 위장병이 가장 많은 직종에 속해요. 크리스마스 같은 기념일을 가족이나 연인과 보내는 일도 포기해야 하죠.

그러니 정말로 요리사가 되고 싶다면, 텔레비전에 나오는 모습이 아닌 진짜 요리사의 세계를 알고 현실적인 전략을 세워야 해요. 그러려면 『요리사가 말하는 요리사』나 『젊은 오너 쉐프에게 묻다』처럼 실제 요리사들의 목소리가 담긴 책이나 자료가 도움이 될 거예요. 참고로 『젊은 오너 쉐프에게 묻다』에 나온 요리사들의 하루 일과표는 대부분 8시간 정도의 수면 시간을 제외하면 장보기, 재료 손질, 점심 영업, 저녁 영업, 마감 작업으로 꽉 차 있죠. 이 정도의 일상을 거의 매일 소화하면서 새로운 요리도 개발하고 기술 연마도 게을리해선 안 되죠.

이런 현실을 알고 난 뒤에도 요리사가 되고 싶다면, 이제 방법을 찾을 때예요. 우리나라에서 요리사가 되는 길은 크게 네 가지예요. 조리 특성화 고등학교, 대학 조리학과, 요리 전문학교와 해외 유학이죠. 조리 특성화 고등학교는 한국 조리 과학 고등학교, 서울 요리 고등학교, 전남 조리 과학 고등학교, 부산 조리 고등학교 등이 있어요.

대학교 조리학과나 조리 전문대학도 훌륭한 선택지죠. 대학 조리학과 역시 학생부와 자격증, 대회 수상 경력을 중시하니 성실한 준비가 필요해요. 4년제 대학 중에서는 경희대, 경기대, 세종대, 한국 관광대 등에 조리학과가 있어요. 폭넓은 지식을 쌓고 대학원에 진학할 수 있어, 요리에 대한 기초를 튼튼히 다지고 싶을 때 유용하죠. 빠른 현장 진출이나 국외 유학, 인턴 경험을 원한다면 조리 전문대가 좋아요. 상대적으로 요리 관련 경험과 면접을 중시하니 내신 성적이 낮더라도 충분히 도전할 수 있어요. 게다가 실제 요리사들의 강의를 바탕으로 실무 중심의 교육을 해서 인기가 높고 경쟁이 치열해요.

다른 나라 요리를 현지에서 배우고 싶다면 해외 요리 학교 유학을 선택해야겠죠. 최근 쉐프 열풍 때문에 요리 유학을 떠나는 사람이 부쩍 늘었다고 해요. 유명한 학교로는 미국의 CIA, 프랑스의 르꼬르동블루와 폴보퀴즈, 이탈리아의 일쿠오코 알마와 ICIF, 일본의 츠지 요리 전문학교와 도쿄 제과 학교가 있어요. 해당 국가의 언어 실력은 필수겠죠? 또 수업비와 생활비를 충당해야 하니 비용이 상당히 많이 들어요. 그리고 요리에 대한 확고한 열정이 없다면 졸업하기도 어렵고, 졸업해도 후회하기 쉬워요. 비용이 부담스럽다면 해외 국립 직업학교나, 유명 요리 학교의 국내 분교를 선택해도 돼요. 특히 르꼬르동블루, 일쿠오코 알마, ICIF 분교를 이용하면 현지와 동일한 수업과 자격증을 받을 수 있어요.

물론 자신 있다면 독학으로 공부해서 국내외 레스토랑에 취업해도 돼요. 요리사는 요리를 좋아하는 마음과 실력이 무엇보다 중요한 직업이니까요. 그리고 음식을 좋아한다면 요리사 말고도 다양한 직업을 선택할 수 있어요. 특히 외국에서는 푸드테크라고 해서, 최신 기술과 음식을 결합한 사업이 급성장 중이죠. 유명 쉐프의 요리를 만들 수 있는 요리 재료가 담긴 상자를 배달해 주는 밀 키트Meal Kit 서비스나 블루 에이프런Blue Apron, 헬로 프레시Hello Fresh 같은 장보기 대행 서비스가 큰 인기를 얻고 있어요. 세계적인 언론인 「뉴욕타임스」도 음식 재료 배달 사업에 뛰어들었고, 자동차 공유 회사로 유명한 우버도 레스토랑 음식 배달 서비스를 시작할 정도니까요. 우리나라에서도 배달 앱 덕분에 음식 배달이 하나의 산업으로 발전했죠. 음식으로 할 수 있는 일은 이렇게 무궁무진하니, 여러분의 꿈을 펼칠 무대를 잘 찾아보세요. 시대가 아무리 변해도 맛있는 음식을 먹고 행복해지고 싶은 마음은 사라지지 않으니까요!

부록

레스토랑 완전 정복

음식으로 떠나는 세계 여행

지금부터는 머리 아픈 이야기 대신, 레스토랑을 제대로 즐기는 방법을 알아볼 거예요. 두근거리는 마음으로 식당에 갔지만 빽빽하게 적힌 음식 이름을 보며 고민에 빠진 적 있나요? 무슨 요리인지 궁금하긴 한데 모험을 하자니 돈이 아깝고, 결국 매번 먹는 음식만 주문하게 되죠. 하지만 약간의 지식과 용기가 있다면 레스토랑에서 세계를 만날 수 있어요. 다른 나라 사람들은 어떤 음식을 먹는지, 어떤 맛을 즐기고 음식 재료를 어떻게 다루는지 아는 일은 그들의 삶을 이해하는 토대가 돼요. 음식 문화는 곧 우리의 생활이기도 하니까요.

한식을 잘 알고 좋아하는 외국인은 훨씬 더 친근하게 느껴지죠? 다른 나라의 음식 문화 공부는 외국인을 사귈 때 도움이 되는, 즐거운 외교 활동이기도 해요. 또 딱히 할 말이 없어 어색할 때 요긴한, 누구나 좋아하는 이야깃거리기도 하죠. 이렇게 유익한 공부를 할 수 있는 학교가 바로 레스토랑이에요. 다만 우리가 지금 먹는 서양 요리에는 미국이나 일본을 거쳐 들어온 요리가 많아서, 각 나라 음식의 원래 모습과 특색을 찾기가 쉽지 않아요. 그래서 약간의 역사 공부도 필요하죠. 이제 레스토랑에서 떠나는 세계 여행을 시작해 볼까요!

1 미국

사람에 따라 차이는 있지만, 한식 다음으로 우리가 자주 접하는 음식은 미국 음식이에요. 한국 전쟁 때 미군을 통해 보급되면서 귀한 음식 대접을 받았죠. 상상이 잘 안 되겠지만, 맥도날드와 피자헛이 처음 들어왔을 때 햄버거와 피자는 고급 음식의 상징이었어요. 감자튀김은 꼭 프렌치프라이라고 불러서 프랑스 음식인줄 안 사람도 많아요. 피자는 나이프로 썰어 먹어야 하는 우아한 음식이었죠. 주문하면 5분 만에 켄터키식으로 튀긴 치킨이 나온다는 사실은 혁명적이기까지 했죠. 지금은 고급 음식이라는 이미지는 사라졌지만, 바쁜 현대인에 딱 맞는 미국식 패스트푸드는 우리의 일상 식품이 된지 오래죠.

미국 음식의 또 다른 특징은 못 말리는 스테이크 사랑이에요. 서부극에는 말을 타고 푸른 초원을 질주하는 카우보이가 꼭 나오죠? 소는 많고 다른 먹을거리는 적으니, 자연히 쇠고기를 통째로 굽는 스테이크가 발전했어요. 우리나라는 작게 잘라서 다른 재료와 함께 먹는 식이지만, 미국식 스테이크 문화가 정착하면서 고기를 먹는 방식도 많이 달라졌죠. 그렇다면 스테이크 문화 보급의 주역인 패밀리 레스토랑에서는 어떤 메뉴를 만날 수 있을까요?

❶ 종류도 맛도 다양한 스테이크

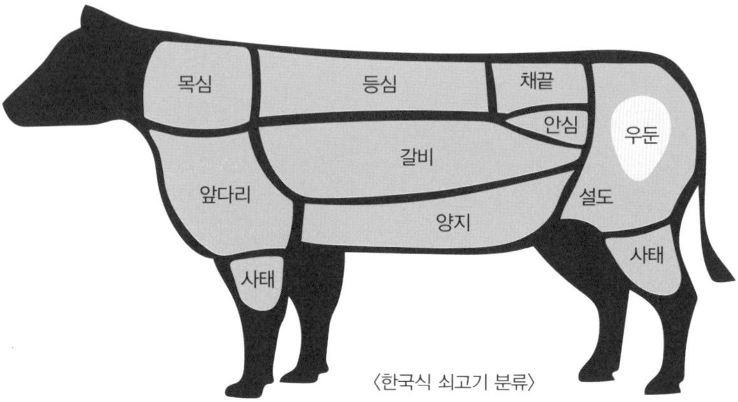

〈한국식 쇠고기 분류〉

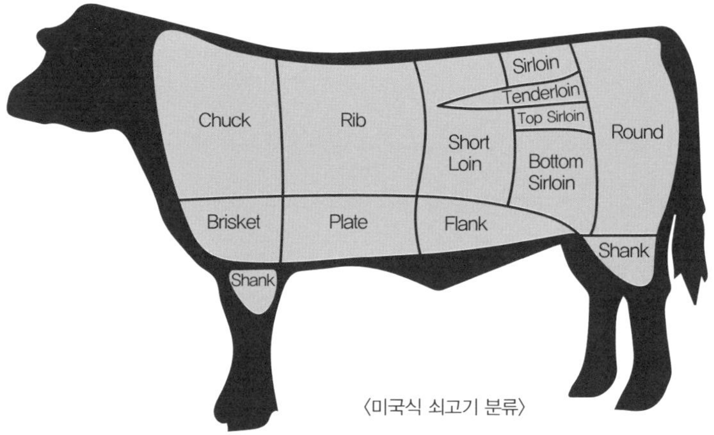

〈미국식 쇠고기 분류〉

설로인(Sirloin, 등심) 스테이크 – 스테이크의 표준이라 할 정도로 유명한 음식이에요. 메뉴판을 잘 보면 설로인 스테이크 옆에 등심이나 채끝이라고 나와 있을 거예요. 우리나라와 미국의 쇠고기 분류법이 달라서 생기는 일인데, 보통은 등심 스테이크라고 부르죠. 향이 좋고 육즙도 풍부해 인기 있는 부위예요.

설로인에는 재미난 이야기가 있어요. 쇠고기는 허리 쪽에 맛있는 부위가 많아서 허리 고기를 특별히 로인Loin이라고 하는데, 영국 국왕이 그 맛에 감탄한 나머지 고기에 기사 작위를 수여했어요. 그래서 Sir가 붙어서 설로인Sirloin이 됐다는 거죠. 사람도 받기 힘든 기사 작위를 고기가 받다니! 물론 지어낸 이야기이긴 하지만, 서양 사람들의 등심 스테이크 사랑이 얼마나 지극한지 느껴지지 않나요?

텐더로인(Tenderloin, 안심) **스테이크** – 텐더Tender가 부드럽다는 뜻이니, 해석하면 부드러운 허리 고기 요리예요. 안심은 배 안쪽에 있어 좀처럼 움직이지 않는 부위죠. 덕분에 육질이 가장 연하지만 소 한 마리에서 5킬로그램 정도밖에 나오지 않아 가격이 비싸죠. 필레 미뇽Filet Mignon이라는 메뉴도 있는데, 안심 중에서도 가장 부드러운 끝 부분으로 만드는 스테이크예요. 안심은 연한 육질을 자랑하지만 대신 지방이 적어 맛이 약해요. 그래서 베이컨으로 감싸거나 진한 소스를 곁들여 먹곤 하죠. 부드러운 식감을 원한다면 안심, 고기 자체의 진한 맛을 원한다면 등심을 선택하면 돼요.

립 아이(Rib eye, 꽃등심) **스테이크** – 한국의 등심에 해당하는 부위를 미국에서는 립Rib이라고 해요. 립 아이 스테이크는 립에 눈eye모양의 지방이 있어서 이렇게 부르죠. 우리나라에서는 빨간색 살코기와 하얀 지방의 조화가 꽃처럼 보인다고 해서 꽃등심이라고 하죠. 우리는 이 모습을 꽃에 비유하지만, 미국에서는 대리석 무늬에 비유해 '마블링'이라는 말을 써요. 립 아이는 구우면 이 마블링이 녹아 풍미를 더해서 굉장히 인기 있고, 그만큼 가격도 비싼 부위예요. 가장 맛있는 스테이크로 꼽는 사람도 많지만 기름진 맛을 싫어한다면 피해야 할 메뉴기도 하죠.

스트립(Strip) 스테이크 – 립 뒤쪽에 있는 쇼트로인의 다른 이름이 스트립로인Striploin인데, 바로 이 부위로 만드는 스테이크예요. 풍미와 부드러움이 등심과 안심의 중간 정도죠. 뉴욕 스트립 스테이크가 제일 유명한 메뉴인데, 이름의 유래는 고기 모양이 뉴욕 주를 닮았다는 설과 뉴욕의 한 레스토랑이 처음 만들었다는 설이 있어요. 또 일반적인 스테이크보다 두꺼워서 두툼한 스테이크를 원할 때 좋은 메뉴예요.

티본(T–bone) 스테이크 – 쇼트로인 부위로 만드는 또 다른 스테이크인데, T자 모양의 뼈 좌우로 텐더로인과 스트립이 붙어 있어 티본T-bone이라고 해요. 그리고 스트립 부위가 더 많으면 포터하우스Porterhouse라고 부르기도 하죠. 안심과 채끝이라는 인기 부위 2개를 한번에 먹을 수 있지만, 그만큼 굽기가 어려워서 요리사의 실력이 중요한 메뉴기도 해요.

햄버그스테이크(Hamburg Steak) – '함박 스테이크'라는 일본식 이름으로 더 친숙한 스테이크죠. 햄버그스테이크라고 하니 미국이 원산지일 것 같지만, 원래는 독일의 함부르크Hamburg에서 먹던 요리라 이런 이름이 붙었어요. 다른 스테이크와 달리 고기를 다져서 만드는 게 특징이에요. 다진 쇠고기에 양파, 빵가루, 달걀 등을 섞어서 굽는 식이죠. 부드러운 식감을 위해 돼지고기를 섞기도 해요. 조금 질긴 쇠고기 부위를 이용할 수 있어 가격이 저렴해요.

❷ 레어에서 웰던까지, 스테이크 굽기의 과학

스테이크는 부위도 중요하지만, 어느 정도로 굽는가에 따라 느낌이 완전히 달라지죠. 겉만 정말 살짝 익히는 블루Blue와 블루 레어Blue Rare도 있지만, 우리나라에서는 거의 먹지 않죠. 그래서 보통은 5단계로 구분해요.

레어 - 미디엄 레어 - 미디엄 - 미디엄 웰던 - 웰던

레어에 가까울수록 적게 굽고 웰던에 가까울수록 많이 구운 고기예요. 레어Rare는 살짝 익혔다는 뜻인데, 겉만 익힌 날고기라고 오해받기도 해요. 하지만 레어는 엄연히 속까지 열을 가하는 굽기 방식이에요. 다만 아주 약하게 구울 뿐이죠. 미디엄Medium은 중간 수준으로 익힌 상태로, 한국인이 가장 선호하는 단계기도 해요. 적당히 익혀 달라고 하면 대부분 미디엄이나 미디엄 레어로 나올 거예요. 레어가 빨간 부분이 75퍼센트라면 미디엄 레어는 50퍼센트 미디엄은 25퍼센트 정도를 차지하죠. 웰던Well-done은 바짝 익혔다는 뜻으로 속까지 전부 갈색이고, 전 단계인 미디엄 웰던은 속이 아주 살짝 선홍색이에요. 레어에 가까울수록 고기의 맛과 향이 담긴 육즙이 풍부하고, 웰던에 가까울수록 고기의 질감이 치밀해져 씹는 맛이 좋아져요. 스테이크 굽기에 정답은 없어요. 어디까지나 취향의 문제이니, 한 단계씩 제일 마음에 드는 굽기를 찾아보는 방법을 추천해요.

2 이탈리아

미국 음식 다음으로 우리가 자주 접하는 음식은 단연 이탈리아 요리죠. 동네마다 피자 가게가 하나씩은 있고, 마트에서도 파스타 면과 소스를 쉽게 구할 수 있어요. 또 소개팅이나 첫 데이트에는 이탈리안 레스토랑이 단골 무대가 되죠. 이탈리아 음식은 특유의 소박한 멋과 맛으로 전 세계를 사로잡았어요. 프랑스 요리만큼 화려하거나 고급스럽지는 않지만, 매일 먹어도 질리지 않는 편안한 맛이 인기의 비결이에요. 만드는 방법도 간단해서 누구나 도전해 볼 수 있다는 것이 큰 매력이죠.

이탈리아 음식은 전통과 지역을 중시하는 특징이 있어요. 200년 전에 먹던 음식과 지금 먹는 음식이 큰 차이가 없을 정도로, 전통을 지키려는 고집이 대단히 강하죠. 그래서 가족이 대를 이어 오랫동안 운영하는 음식점이 많아요. 포르탈바라는 세계에서 제일 오래된 피자집은 1738년에 문을 열었다고 하니 정말 대단하죠? 또 지역 음식에 대한 자부심도 남달라서 토스카나식, 로마식, 시칠리아식 같은 지방 이름을 음식에 붙이곤 해요. 크게 북부 지방과 남부 지방 요리로 나누는데, 북부는 농업이 발달했고 알프스 산맥도 있어서 쌀과 육류, 유제품을 이용한 요리가 발전했어요. 반면 삼면이 바다인 남부는 해산물이 풍부하고, 가난한 지역이 많아 저렴한 음식이 인기예요. 가장 대표적인 음식이 바로 파스타와 피자인데, 비싼 북부 음식보다 훨씬 더 유명해졌죠.

그리고 프랑스 음식에 뒤지지 않는 안티파스토전채, 프리모 피아토쌀이나 밀을 이용한 요리, 세콘도 피아토육류나 해산물 요리, 돌체후식로 이어지는 세련된 코스 요리가 있어요. 사실 세련된 음식 문화는 이탈리아가 원조예요. 이탈리아 메디치 가문의 왕녀가 프랑스로 시집오면서 프랑스 사람들도 손을 씻고 포크를 사용하기 시작했으니까요. 길거리 음식이던 파스타와 피자가 이탈리아 음식의 대명사가 됐으니 이탈리아 입장에서 억울할 만도 하지만, 그렇다고 피자와 파스타가 만만하게 볼 음식은 절대로 아니죠.

파스타는 듀럼 세몰리나라는 품종의 밀가루를 반죽해 모양을 낸 음식을 말해요. 스파게티와 혼동하기도 하는데, 스파게티는 무수히 많은 파스타 중 하나일 뿐이에요. 파스타는 크게 롱 파스타와 숏 파스타로 구분해요. 롱 파스타는 너비에 따라 카펠리니, 스파게티니, 스파게티, 링귀네, 페투치네, 탈리아탈레, 넓적한 종이 같은 라자냐 등이 있어요. 숏 파스타는 펜촉처럼 생긴 펜네, 나비처럼 생긴 파르팔레, 수레바퀴 모양의 루오테, 작은 귀라는 뜻인 오레키에테 등등 독특한 모양이 많죠. 파스타는 표면이 거칠어서 소스가 잘 달라붙어요. 그래서 한식 면 요리와는 달리 진득한 소스를 면에 찍어 먹는 식이에요. 보통 오일처럼 가벼운 소스에는 가는 파스타를 쓰고, 무거운 소스에는 굵은 파스타를 써서 면에 붙는 소스 양을 조절해요. 짧은 파스타는 식감이 독특해서 완전히 다른 음식을 먹는 기분이 들죠. 그래서 파스타 요리는 무한대라고 할 정도로 종류가 다양하죠.

❶ 이탈리아의 다양한 파스타

올리브 파스타

우리나라에서는 보통 파스타를 오일/토마토/크림으로 구분하고, 구체적인 메뉴를 설명하는 식으로 메뉴판을 만들죠. 오일 파스타는 이탈리아 요리의 필수품인 올리브유가 주재료예요. 당연히 올리브유의 품질이 매우 중요하겠죠? 그래서 사용하는 오일의 원산지와 품종을 표시하는 레스토랑도 있어요. 대표적인 메뉴는 알리오 올리오 파스타, 봉골레 파스타, 바질 페스토 파스타예요.

알리오 올리오 파스타 – 알리오는 마늘, 올리오는 오일이라는 뜻이니, 말 그대로 마늘과 오일로만 만드는 파스타예요. 마늘을 볶아 향을 낸 올리브유에 면을 섞어 먹는 요리죠. 더할 나위 없이 간단하지만, 단순함이 오히려 매력으로 작용해 세계적으로 유명한 파스타가 되었어요. 재료가 단순한 만큼 마늘과 오일의 품질이 중요하고, 요리사의 실력이 맛을 크게 좌우해요. 올리브유 자체의 맛과 향을 좋아하는 사람에겐 최고의 음식이겠죠.

봉골레 파스타 – 해석하면 조개 파스타예요. 이탈리아 어부들이 즐겨 먹던, 마늘을 볶은 올리브유에 조개를 넣고 와인으로 향을 낸 요리예요. 페페론치노라는 이탈리아 고추를 넣어 매콤함을 더하기도 하죠. 조개의 감칠맛을 끌어내기 때문에 제대로 만들면 대단히 맛있는 음식이죠. 알리오 올리오처럼 만드는 사람의 실력이 중요해서, 도전 욕구를 자극하는 요리기도 해요.

바질 페스토 파스타 – 페스토는 '찧다'라는 뜻인 페스타레pestare에서 유래한 말로, 바질이라는 허브를 절구에 빻은 다음 올리브유, 치즈, 마늘, 잣 등을 넣어 만드는 소스예요. 이탈리아 제노바 지역의 특산품으로 페스토 협회에서 품질을 관리할 정도로 유명한 음식이죠. 소스라고 하지만 제법 되직해서, 면에 달라붙는 바질의 향을 즐기는 요리죠.

토마토 파스타

토마토소스 파스타는 오일 파스타가 낯선 사람도 부담 없이 즐길 수 있는, 가장 무난한 파스타예요. 이탈리아 요리의 상징과도 같은 토마토소스는 산마르자노라는 품종으로 만든 제품을 최고로 치죠. 양질의 토마토소스로 만든 파스타는 맛없기가 힘들 정도예요.

포모도로 파스타 – 포모도로는 토마토라는 뜻이에요. 여러 가지 부재료를 넣기도 하지만 맛의 주인공은 여전히 토마토인 요리죠. 많은 재료의 조합이 아닌 각 재료의 맛과 향을 중시하는 이탈리아 요리의 특징은 포모도로 파스타도 마찬가지예요. 농축한 토마토의 감칠맛과 신맛을 마음껏 즐기는 메뉴죠.

아마트리치아나 파스타, 아라비아타 파스타 – 아마트리치아나는 로마 근처에 있는 아마트리체의 전통 소스예요. 구안찰레라는 이탈리아 특산 햄과 토마토, 고추를 이용해 만들죠. 여기에 빨대처럼 구멍이 있는 파스타인 부카티니를 섞으면 아마트리치아나 파스타가 돼요. 구안찰레와 부카티니를 구하기가 쉽지 않아 베이컨과 다른 파스타로 대체하기도 하죠. 아라비아타는 이탈리아어로 '화가 났다'는 뜻으로, 얼굴이 화난 사람처럼 붉어진다고 해서 붙은 이름이에요. 이탈리아 음식으로는 드물게 고추를 많이 넣어 만들죠. 두 음식 다 매운맛을 좋아하는 한국인에게 어울리는 요리예요.

페스카토레 파스타 – 어부를 뜻하는 페스카토레는 말 그대로 어부들이 그날 잡은 재료로 가볍게 만들어 먹는 파스타예요. 당연히 해산물이 듬뿍 들어가겠죠? 오일 파스타로도 많이 먹지만 우리나라에서는 토마토소스 버전이 인기예요. 해산물의 감칠맛과 토마토소스의 신맛, 소금의 짠맛이 조화를 이뤄 한국인이 특히 사랑하는 파스타죠.

볼로네제 파스타 – 볼로네제는 볼로냐 지방의 명물 소스로, 고기라는 뜻인 '라구' 소스라고 부르기도 해요. 쇠고기와 돼지고기를 볶은 다음 토마토소스를 넣고 오래 끓여서 만들죠. 만드는 과정이 복잡하고 손이 많이 가 자주 접하기는 어렵지만, 육류를 좋아하는 사람에겐 최고의 음식이겠죠. 미트소스 스파게티라는 미국식 버전은 미국인이 가장 좋아하는 파스타로 꼽히죠.

크림 파스타

크림 파스타는 생크림을 소스로 쓰는 요리예요. 사실 이탈리아 사람들은 크림소스를 그다지 즐기지 않아요. 로마의 알프레도라는 요리사가 개발한, 생크림과 파르미지아노 치즈를 쓰는 알프레도 소스 정도가 있죠. 제일 유명한 메뉴는 뭐니 뭐니 해도 카르보나라인데, 가장 많이 오해받는 파스타이기도 해요. 카르보나라는 뜻은 석탄이라는 말에서 유래했어요. 석탄을 캐는 광부들이 가볍게 먹는 음식이었죠. 그래서 석탄가루가 파스타에 떨어지곤 했는데, 여기서 힌트를 얻어 후추를 넣기 시작했어요. 전통 로마식은 이탈리아 햄, 달걀노른자와 페코리노라는 양유 치즈로 만들죠. 하지만 날달걀이 익숙하지 않은 미국 사람들은 생크림을 넣어서 향을 순화하는 방법을 생각했고, 이 미국식 카르보나라가 일본을 거쳐 우리나라에 들어왔어요. 남자들이 데이트 때문에 억지로 먹는 음식으로 손꼽는 카르보나라에는 이렇게 억울한 사연 있지요.

❷ 전통이 살아 있는 이탈리아 피자

이탈리아 음식을 말할 때 피자를 빼놓으면 안 되겠죠? 피자는 나폴리 지역의 대표적인 길거리 음식이었어요. 빵을 뜻하는 피체아picea나 피타pitta에서 유래했다고 하는, 빵에 토마토소스를 발라서 구워 먹는 요리였죠. 나폴리는 워낙 가난해서, 피자값을 내는 방식도 독특했어요. 8일 피자라고 해서 먹고 나서 8일 안에 돈을 내면 되는 식이었죠. 이런 역사 때문에 피자는 지금도 이탈리아 코스 요리에는 나오지 않아요. 대신 피체리아pizzeria라는 피자 전문 식당이 있고, 피자 만드는 사람은 피자이올로라고 부르죠. 피자만 만드는 피자 장인인 셈이에요.

이탈리아는 지역색이 강해서 피자는 오랫동안 나폴리에서만 유행했어요. 그러다 이탈리아 이민자와 2차 세계 대전 때 이탈리아에서 피자를 맛본 미군이 미국에 전파했죠. 미국식 피자는 햄버거처럼 온갖 재료를 한번에 먹는 스타일이에요. 배달 때문에 식어도 맛있어야 하니 빵도 두껍고요. 재미있는 건 미국에서도 피자는 서민 음식의 상징이어서, 뉴욕 시장이 피자를 손 대신 포크로 먹었다가 큰 곤욕을 치렀다고 해요.

전통 이탈리아 피자는 대체로 재료를 4개 이상 올리지 않아요. 다양하게 올리지 않지만, 토마토, 치즈, 버섯처럼 감칠맛이 풍부한 재료를 듬뿍 쓰기 때문에 중독성이 높아요. 재료와의 조화를 위해 빵도 얇고, 크기도 작아서 접어서 한 손으로 먹기도 해요. 최근 미국식 피자의 인기에 위기감을 느낀 나폴리에서는 피자 협회를 만들어 재료, 빵을 미는 방식, 두께, 굽는 온도와 시간까지 엄격하게 규정하기 시작했어요. 우리나라에도 나폴리 피자 협회 인증을 받은 피자 전문 레스토랑이 생기는 추세죠.

피자는 올리는 재료에 따라 수천 가지 메뉴가 존재하지만, 나폴리를 대표하는 고전 메뉴는 역시 마르게리타 피자와 마리나라 피자예요.

마르게리타 피자 – 1889년 마르게리타 왕비가 나폴리를 방문했을 때, 라파엘로 에스포지또라는 피자이올로가 세 가지 피자를 만들어 선물했어요. 그중에서도 왕비가 특별히 좋아한 피자라고 해서 이런 이름이 붙었죠. 바질녹색, 모차렐라 치즈흰색, 토마토붉은색의 조합이 이탈리아 국기 색깔과 같아서 특히 더 인기 있는 메뉴죠. 피자 전문 레스토랑에는 빠지지 않고 등장하는, 세계에서 가장 유명한 피자예요.

마리나라 피자 – 오레가노라는 허브와 토마토, 마늘로 만드는, 치즈가 들어가지 않는 피자예요. 뱃사람들이 즐겨 먹었다고 해서 바다를 의미하는 이름이 붙었어요. 담백한 빵에 감칠맛 소스를 얹어 먹는다는 피자의 원형을 잘 보여 주는 피자예요. 모든 피자는 마리나라 피자의 변형이라 해도 과언이 아니죠.

고르곤졸라 피자 – 고전 메뉴는 아니지만 웬만한 이탈리안 레스토랑에는 빠지지 않는 인기 음식이에요. 고르곤졸라라는 치즈를 듬뿍 얹어서 꿀에 찍어 먹는 요리예요. 단맛을 더해 먹는다는 특징이 있죠. 고르곤졸라는 파란색 곰팡이로 발효하는 블루 치즈의 일종이에요. 곰팡이를 쓰는 만큼 냄새가 강해 거부감이 들기도 하지만, 한 번 빠지면 꼭 시키게 되는 매혹적인 음식이죠. 사랑에 빠진 목동이 깜박하고 놔둔 우유가 우연히 발효되어 맛있는 치즈가 됐다는 낭만적인 전설도 있어서, 여러모로 데이트에 어울리는 요리예요.

3 중국

다양한 외국 음식이 들어오면서 중식의 인기가 예전 같지 않죠. 하지만 평범한 사람들이 즐긴 최초의 외국 음식이라는 점에서, 중국 음식은 여전히 우리에게 특별한 위치를 차지하지요. 중식은 재료를 생으로 먹지 않고 음식의 다채로움을 중시한다는 공통점이 있어요. 그래서 독특한 음식 재료와 향신료를 거침없이 쓰죠. 하지만 땅이 워낙 넓어서 음식도 지역별로 독특한 개성을 자랑해요. 크게 사천[쓰촨], 북경[베이징], 광동[광둥], 상해[상하이] 요리를 중국 4대

요리로 꼽죠.

사천요리는 서부 쓰촨四川 지역에서 발달한 요리예요. 쓰촨의 한자를 우리 발음으로 읽으면 사천이 되는데, 우리에게는 쓰촨요리보다는 사천요리로 불리죠. 쓰촨은 덥고 습한 기후 때문에 매운맛이 강하고 향신료를 즐겨 사용해요. 이런 곳일수록 땀을 내서 체온을 식혀야 하기 때문이에요. 이 지역은 중국에서도 음식이 맛있기로 유명해서, 중심 도시인 청두成都는 유네스코 창의 도시 중 미식 분야에 선정되기도 했어요. 우리나라 사람들의 입맛에도 잘 맞아 마파두부와 칠리 새우처럼 인기 있는 요리가 많아요.

중국 남부인 광둥성廣東省은 외국과의 교류가 활발하고 상업이 발달해서, 음식이 화려하고 퓨전 요리가 발전했어요. 신선한 재료를 구하기 쉬워 조미료와 기름을 적게 쓴 담백한 맛이 특징이죠. 제비집이나 물방개처럼 진귀한 음식 재료도 많아, "네발 달린 것은 책상 빼고 뭐든 먹는다"는 유명한 말도 광둥 요리에서 나왔어요. 대표적인 요리로는 딤섬과 팔보채, 상어지느러미탕샥스핀이 있어요.

상해상하이 요리는 상하이上海를 중심으로 한 동부 지방 요리예요. 바다가 가까워 어패류 요리가 유명한 데, 그중에서도 '따쟈씨에'라는 상해 게 요리는 세계적인 명성을 자랑해요. 광둥 지역처럼 신선한 재료가 풍부해 재료 자체의 맛을 살리는 요리가 발달했지만, 상하이가 무역 중심지인 만큼 다양한 사람들의 입맛에 맞는 온갖 요리를 즐길 수 있어요. 우리나라에서는 샤오룽바오小龍包와 난자완스南煎丸子, 난젠완쯔가 대표적인 상해 요리죠. '온 가족이 모여 행복하다'는 의미인 취안지아푸全家福나, 너무 맛있어서 스님이 담을 넘는다는 포탸오창佛跳牆처럼 이름이 재미있는 요리도 많아요.

북경베이징 요리는 베이징北京을 중심으로 한 중국 동부 요리로, 궁중 요리의 전통이 남아 있어 호화로운 고급 음식이 발달했죠. 이 지역은 날씨가 추워서 먹으면 몸이 따뜻해지고 힘이 나는 음식을 즐겨 먹어요. 중국 요리사라고 하면 불길이 치솟는 중화 냄비에 재료를 빠르게 볶는 모습이 떠오르지 않나요? 튀김이나 볶음 같은 고열량 음식이 많은 북경 요리를 만드는 모습이에요. 가장 대표적인 메뉴는 구운 오리를 밀전병에 싸 먹는 베이징 카오야고, 파오즈라는 고기 만두와 교자라는 물만두도 유명하지요.

중국 음식은 이름에 주재료와 요리법이 들어 있어서, 이름을 해석하면 어떤 음식인지 알 수 있어요. 우리나라 중국집 메뉴판에 자주 보이는 요리도 마찬가지죠. 짜장면, 짬뽕, 탕수육이라는 3대 메뉴에서 벗어나 내가 원하는 요리를 찾을 때 도움이 되겠죠?

먼저 짜장면은 작장면炸醬麵, 차오장멘에서 유래한 음식이에요. '작'은 볶았다는 뜻이니 해석하면 볶은 장을 면 위에 올린 음식이죠. 간짜장은 한자로는 건장면乾醬麵으로 쓰는데, 물과 전분을 넣지 않아서 마를 건자를 쓰죠. 수분이 적으니 그만큼 맛이 진하겠죠? 특이하게도 부산을 비롯한 일부 지역은 간짜장에 달걀부침을 올리는 문화가 있어서, 다른 지역에서 먹으면 어쩐지 서운한 요리기도 해요. 삼선짜장은 삼선三鮮, 즉 세 가지 신선한 재료를 넣었다는 말이에요. 하늘과 바다와 땅에서 나는 세 가지 재료를 쓰기도 하고, 중국 요리에서 선鮮이 주로 해산물을 뜻하기 때문에 세 가지 해산물을 넣기도 해요. 새우, 해삼, 전복이 표준이지만 가격이 비싸 보통은 다른 해산물을 쓰죠.

사천쓰촨짜장은 사천이란 말이 들어가는 만큼 매운 짜장면이죠. 실제로 쓰촨 지방에서 먹는 요리는 아니고, 한국인이 좋아하는 칼칼한 맛을 낸 요리예요. 중국에서는 산초라는 향신료를 이용하지만, 우리나라에서 고추로 매운 맛을 내는 차이가 있어요. 쟁반 짜장은 여러 사람이 먹기 좋게 면과 소스를 같이 볶아서 쟁반에 담는, 일종의 파티 요리예요. 마지막으로 유니 짜장은 육니肉泥, 로우니짜장이 변형된 이름으로, 진흙 '니'자가 들어가죠. 물론 진짜 진흙이라는 말은 아니고 재료를 갈았다는 뜻이에요. 중국 사람들은 돼지고기를 워낙 좋아해서 '육'이 돼지고기고, 쇠고기는 우육牛肉이라고 불러요. 그래서 조합하면 간 돼지고기를 올린 짜장면이 되죠. 갈지 않고 채 썬 고기를 쓰면 실 사絲, 쓰자의 중국 발음이 '슬'로 들려서 유슬짜장이라고 불러요.

탕수육은 한자로는 당초육糖醋肉, 탕추러우이에요. '당'은 설탕이고 '초'는 식초라는 뜻이니, 해석하면 달고 신 소스를 얹은 돼지고기 요리란 말이겠죠. 그래서 영어 이름도 Sweet and Sour Pork예요. 사실 탕수육은 외국인을 위해 개발한 요리예요. 아편 전쟁 후 중국에 들어온 영국인들을 위해 맛이 강하고, 젓가락질이 서툴러도 먹기 좋은 요리로 개발된 요리죠. 중국인에게는 그다지 유쾌한 요리는 아니겠죠? 돼지고기 대신 쇠고기를 쓰면 탕수우육糖醋牛肉, 탕추뉴러우이라는 요리가 되지요.

메뉴 이름에 '기'가 들어간다면 닭고기를 이용한 요리예요. 라조기辣椒鷄, 라자오지의 '라조'는 고추를 의미해서, 고추가 들어간 닭요리라는 뜻이에요. 닭고기를 튀긴 다음 매운 소스로 볶아서 만들죠. 깐풍기乾烹鷄, 치엔펑지에서 '깐풍'은 마를 건자에 볶을 팽자를 써요. 닭고기를 국물 없이 마른 상태로 볶는다는 뜻이겠죠? 라조기와 만드는 방법이 거의 같지만 녹말 물을 넣으면 라조기, 넣지 않으면 깐풍기가 돼요. 두 요리 모두 탕수육이 질리거나 단맛이 싫을 때 선택하면 좋은 요리예요. 같은 요리법에 재료만 돼지고기로 바꾸면 라조육이나 깐풍육이 돼요. 면 요리 중에는 기스면鷄絲麵, 지쓰멘이 있는데, 중간에 '스'자는 앞에서 말한 '쓰'자의 변형이에요. 해석하면 실처럼 가늘게 썬 닭고기를 얹은 면 요리가 되겠죠. 기스면은 육수도 닭고기로 내기 때문에 깔끔한 맛을 선호하는 사람들이 좋아하는 요리예요.

중국집 메뉴판에는 팔보채八寶菜, 바바오차이라는 요리가 빠지지 않죠. '팔보'는 말 그대로 여덟 가지 보물이고, '채'는 야채라는 뜻도 있고 요리 자체를 의미하기도 해요. 여덟 가지 보물은 일반적으로 해삼, 오징어, 소라, 새우, 죽순, 표고버섯, 양송이버섯, 닭고기를 말해요. 류산슬溜三絲에서 '류'는 방울져 떨어진다는 뜻이에요. 전분으로 만든 소스가 걸쭉하게 떨어지는 모습을 표현한 거죠. 그래서 풀어 쓰면 세 가지 재료를 실처럼 썰어 걸쭉한 소스를 곁들인 요리가 되죠. 난자완스南煎丸子, 난젠완쯔는 한자식으로 읽으면 남전환자가 되는데, 여기서 '전'은 기름을 두르지 않은 냄비에 졸이는 요리법을 말해요. '환자'는 고기를 다져서 구슬처럼 빚은 완자를 의미하죠. 남쪽 지방의 완자 볶음 정도로 해석할 수 있겠죠.

또 마파두부麻婆豆腐, 마포더우푸라는 무협지에 나올 법한 음식도 있는데, 여기서 '마'는 성씨고 '파'는 할머니라는 뜻이에요. 마 씨 할머니가 만든 두부 요리라니, 알고 보면 정감 넘치는 이름이죠? 하지만 가장 황당한 이름은 역시 해삼주스海參肘子, 하이션조우즈예요. 중국집에서 주스라니, 그것도 해삼을 쥐어

짰다니 이 무슨 엽기적인 요리일까요. 여기서 '주스'는 돼지 허벅지살을 의미해요. 해삼을 돼지 허벅지살과 함께 찐 요리라서 이런 이름이 붙었대요.

4 일본

다음 여행지는 일본이에요. 특유의 장인 정신 덕분에 전통 음식 문화가 잘 보존되어, 음식 강국을 말할 때 빠지지 않는 나라죠. 덕분에 프랑스, 지중해, 멕시코 요리와 함께 유네스코 세계 무형 문화유산에 등재되기도 했어요. 일본 요리는 양념이나 조미료보다는 재료 자체를 중시하죠. 다양한 맛을 더하는 대신 재료에 깃든 맛을 끌어내는 데 집중하는 식이에요. 그래서 일본 요리는 칼맛으로 먹는다는 말이 있을 정도로 요리사의 기술이 중요한 역할을 해요. 또 기본 맛 중에서는 단맛을 대단히 좋아해서, 디저트 문화가 특히 발달한 나라예요. 요즘 우리나라에서도 동경 제과 학원 출신이 운영하는 디저트 전문점이 인기를 끌고 있어요.

일본은 불교의 영향으로 오랫동안 육식을 금지했어요. 그래서 뜻밖에 육류 요리의 역사가 짧고 대신 날음식을 먹는 음식 문화가 발전했어요. 우리에게는 별로 생소하진 않지만, 서양에서는 생선을 날로 먹는다는 사실에 충격받는 사람이 많아요. 초밥이 처음 소개됐을 땐 야만적인 음식이라는 소리까지 들었죠. 하지만 꾸준히 노력한 끝에 지금은 고급 음식의 대명사가 되었죠. 이런 일본 음식의 인기 뒤에는 고집스러운 장인 문화가 있어요. 수십 년 동안 매일 같은 방법으로 음식을 만들고, 어지간해선 재료나 요리법을 바꾸지 않는 거예요. 또 이런 생활을 자녀가 그대로 물려받아서 100년 넘게 운영하는 식당도 많죠. 이탈리아가 가족끼리 뭉친다는 느낌이라면, 일본은 비밀 전수에 가까운 느낌이에요.

일본 음식의 또 다른 특징은 뛰어난 음식 현지화 능력이에요. 전통을 유지하는 문화도 강하지만, 외국 음식 문화를 받아들여 자국 문화로 만드는 능력도 탁월해요. 토마토소스 대신 케첩에 면을 볶아 먹는, 정작 나폴리에는 없는 나폴리탄 스파게티와 일본인이 좋아하는 명란젓과 김을 뿌린 명란 파스타는 우리나라에서도 유명한 메뉴가 됐죠. 서양의 빵 문화에 떡을 응용해 달콤한 팥소를 넣은 단팥빵이나 커틀릿을 변형한 돈가스는 음식 현지화의 명작으로 꼽혀요. 일본식 튀김인 덴뿌라는 축제를 의미하는 스페인어 템포라Tempora에서 유래한, 서양식 생선튀김에서 발전한 음식이에요. 초밥도 원래는 밥에 생선을 대충 얹어 먹는 투박한 요리였지만, 프랑스 요리 문화의 영향으로 시각적 아름다움을 중시하면서 고급 요리 이미지를 얻었죠. 이런 유연함 덕분에 일본 음식 공부는 나라 간 문화 교류를 아는 재미가 있어요.

돈가스

우리에게 가장 친근한 일식 요리는 역시 돈가스죠. 학교 급식부터 마트 냉동식품까지, 워낙 자주 접하다 보니 귀한 외국 음식 대접은 사라진 지 오래예요. 하지만 돈가스는 그렇게 만만한 요리가 아니에요. 일본 역사의 격변기에 탄생한 유서 깊은 음식이죠. 일본은 불교의 영향으로 무려 1,200년 동안 육식을 금지했지만, 메이지 유신으로 하루아침에 상황이 달라졌어요. 당시에는 저항이 엄청나서 육식 반대파가 왕실에 자객을 보낼 정도였죠. 하지만 육식으로 왜소한 체형을 바꿔야 한다는 정부의 생각을 바꾸진 못했어요. 낯선 고기를 어떻게 먹을까 고민하던 사람들은, 얇게 저민 고기에 빵가루를 입혀 기름에 부치는 요리인 커틀릿에 주목하죠. 고기의 모습이 보이지 않으니 육식을 한다는 죄책감도 덜했고요.

하지만 덴뿌라튀김에 익숙한 일본인들은 커틀릿에 만족하지 못해 현지화를 시도했어요. 튀김에 어울리도록 지방이 풍부한 두툼한 돼지고기로 바꾸고, 바삭바삭한 식감을 위해 입자가 큰 빵가루를 쓰고, 튀김 옷에 밀가루와 달걀을 추가한 거죠. 또 젓가락으로 먹기 편하게 고기를 미리 썰고 튀김의 느끼함을 덜어 줄 양배추를 같이 내기 시작했어요. 쌀밥, 된장국과 함께 나오는 돈가스 정식이 개발된 뒤에는 아예 새로운 일본 음식으로 정착하게 됐죠. 소스 역시 영국의 우스터 소스를 간장을 좋아하는 일본인의 입맛에 맞게 변형한 거예요. 문화 융합의 결정체답게, 이름도 커틀릿의 일본식 발음인 카츠레츠カツレツ와 돼지 돈豚자를 섞은 돈가스豚カツ, 돈카츠가 됐죠. 참고로 일본어로 '카츠'에 '이기다'라는 뜻이 있어 수험생이 시험 전에 꼭 먹는 음식이라고 해요.

짬뽕

중국 요리 여행에서 짬뽕이 빠졌다는 사실이 이상하지 않나요? 중국집 대

표 요리인 짬뽕은 사실 어느 나라 음식인지 간단히 말하기 어려운 다국적 음식이에요. 그만큼 이름에 대한 설도 분분해서 일본어로 "마구 뒤섞는다"라는 뜻인 찬퐁ちゃんぽん에서 왔다, '식사하셨어요'의 중국 사투리인 '차폰'에서 왔다는 설 등이 있죠. 짬뽕을 만든 사람은 19세기 말 나가사키에 살았던 천핑순이라는 중국인이에요. 가난한 중국 유학생들이 끼니를 거르는 모습이 안쓰러웠던 그는 고향에서 먹던 탕육사면湯肉絲麵, 탕러우쓰멘을 응용해, 나가사키에서 흔한 재료를 모아 기름에 볶다가 육수를 넣고 끓이는 새로운 요리를 개발했죠. 그 유명한 나가사키 짬뽕이 탄생하는 순간이었죠. 짬뽕은 처음부터 가난한 사람들을 위해 탄생한 중국과 일본의 퓨전 요리였던 셈이에요.

우리나라에 들어온 짬뽕은 큰 인기를 끌지 못했어요. 그러다 몇몇 중국집에서 고춧가루와 고추기름으로 매운맛을 듬뿍 첨가했고, 이 요리가 큰 성공을 해서 한국식 짬뽕으로 정착했죠. 한국식 짬뽕은 한국 고유 요리라고 해도 될 정도로 원조와는 상당한 차이가 있어요. 참고로 일본식 짬뽕에서 재료를 볶는 과정을 생략하면 중국집에서 나오는 우동이 되니, 느끼한 맛을 싫어한다면 중국식 우동을 주문해 보세요.

라멘

라멘 역시 중국 요리에서 유래한 일본 요리예요. 란저우 지방에서 먹던 란저우라미엔蘭州拉麵에서 이름을 따왔죠. 한자로 하면 납면拉麵인데, 면을 잡아당겨 만든다는 뜻이에요. 라멘은 전쟁을 통한 문화 교류가 만든 음식이에요. 2차 세계 대전 때 중국에서 돌아온 병사들은 라미엔을 일본식으로 변형해 먹었어요. 마침 쌀이 부족해 고심하던 일본 정부는 이 요리를 적극적으로 보급했죠. 그래서 정작 일본에서는 라멘을 중화 국수라고 부르고, 라멘집에서 간단한 중국 요리를 팔기도 해요. 하지만 국민 음식이라 불릴 만큼 큰 사랑을 받고 있으니 이제는 완전한 일본 음식이라고 해야겠죠.

라멘은 간을 맞추는 재료에 따라 크게 시오소금, 소유간장, 미소된장, 돈코츠돼지 뼈 라멘으로 분류해요.

시오 라멘은 닭 뼈나 돼지 뼈로 우린 육수에 소금으로 간을 하는, 맛이 가장 담백해 라멘 초보자에게 어울리는 라멘이에요. 홋카이도 남쪽에 있는 하코다테가 시오 라멘으로 유명하죠.

소유 라멘은 일본인이 좋아하는 간장을 이용해 표준적인 맛을 자랑하는, 라멘 대중화에 결정적인 역할을 한 요리예요. 도쿄에서 처음 만들어서 도쿄 라멘이라고도 하죠.

미소 라멘은 삿포로에서 탄생한 라멘으로, 손님의 부탁으로 돼지고기 된장국에 면을 넣은 요리가 기원이라고 해요. 덕분에 삿포로는 겨울이 되면 라멘집에서 쓰는 돼지기름 때문에 수도가 막힐 정도로 라멘의 성지가 됐죠. 일본식 된장을 써서 맛과 향이 진하기 때문에 소유 라멘보다는 호불호가 나뉘는 편이에요.

돈코츠 라멘은 돼지 뼈를 오래 우려낸 사골 국물을 이용한 라멘이에요. 콜라겐 성분이 녹아 나와 뽀얀 국물이 특징이죠. 처음 먹는 사람은 돼지 냄새와 기름 때문에 거부감을 느끼기도 하지만, 라멘 열풍의 한 축을 담당할 정도로 인기 있는 음식이에요. 현대인들의 스트레스가 심해지면서 일본에서도 점점 맛이 진한 음식이 인기를 끌고 있는데, 대표적인 요리가 참치 대뱃살 초밥과 돈코츠 라멘이에요. 하카타 지방의 명물이라 하카타 라멘이라는 이름으로도 유명하죠.

우동

라멘에 국민 음식 자리를 내주긴 했지만 그래도 일본 음식을 말할 때 우동이 빠질 순 없겠죠? 우리나라에서는 국물 요리라는 인상이 강하지만, 우동은 특유의 탄력 있는 면발을 즐기는 음식이에요. 그래서 면 외에 다른 재료는 많이 넣지 않죠. 가장 유명한 우동은 역시 카가와 현의 옛 이름을 딴 사누키 우동이에요. 우동을 가르치는 학교만 20개가 넘는 이곳에서는 나폴리 피자 협회처럼 사누키 우동 협회가 면을 만드는 방법을 엄격히 규정하죠. 간단한 토핑을 선택하기도 하지만, 다른 재료 없이 우동 면만 한가득 시켜 소스에 찍어 먹는 모습도 자주 볼 수 있어요. 그 정도로 면이 맛있다는 이야기겠죠.

가장 기본적인 우동은 면에 육수를 넣고 파 정도만 넣는 가케 우동이에요. 여기에 날달걀을 넣으면 쓰키미 우동이 되죠. 면 자체의 맛에 집중하고 싶다면 육수 대신 면 삶은 물을 내는 가마아게 우동이 어울리고요. 물로 헹군 차가운 면을 츠유라고 하는 간장 소스에 담가 먹는 자루 우동도 있고, 반숙으로 익힌 달걀을 면에 비벼 먹는 가마타마 우동도 있죠. 진한 츠유를 미리 부어서 내면 '붓다'라는 뜻인 부가케 우동이 되죠.

돈부리

우리에게는 친숙하지 않았지만, 어느 날 갑자기 선풍적인 인기를 끈 음식이죠. 돈부리는 원래 밥그릇보다 더 큰 그릇을 말해요. 여기에 밥을 담고 그 위에 다양한 요리를 얹어 먹는 일본식 덮밥을 '돈부리메시'라고 하는데 줄여서 돈부리, 더 줄여서 '동'이라고 부르기 시작했어요. 돈부리 열풍에는 일본 음식 문화의 변화가 큰 역할을 했어요. 전통 음식 문화를 중시하는 일본도 산업화로 생활 방식의 변화는 피할 수 없었어요. 빠르고 간편하게 끼니를 해결해야 하는 사람이 늘면서 일본에도 패스트푸드 문화가 급속히 퍼졌어요. 하지만 일본 역시 식사의 중심엔 밥이 있어서 서양식 패스트푸드와는 다른 음식이 필요했고, 빠르고 저렴하게 만들 수 있는 돈부리야말로 안성맞춤이었죠. 특히 쇠고기를 올리는 규동은 거의 햄버거에 가까운 위치를 차지하고 있어요. 그래서 24시간 운영하는 규동 전문점이 학생과 관광객을 중심으로 큰 인기를 얻고 있죠.

규동 – 쇠고기와 양파를 간장과 설탕으로 양념한 다음 졸여서 밥에 올려 먹는 요리예요. 일본어로 소를 '규牛'라고 해서 이런 이름이 붙었죠. '동丼'에 우물 정자를 쓰는 이유는 그릇에 재료를 담는 모습이 우물에 뭔가를 던지는 모습과 비슷하고, 이때 나는 소리도 일본어로 동이기 때문이에요. 요시노야에서 개발해 큰 성공을 거두면서 돈부리의 상징 같은 요리가 됐죠. 취향에 따라 달걀노른자를 비벼 먹기도 해요. 단맛이 강한 편이니 고춧가루 역할을 대신하는 시치미七味를 뿌려 먹어도 좋아요.

오야코동 – 일본말로 '부모와 자식 덮밥'이죠. 원조 오야코동親子丼은 닭고기와 달걀만 들어가서 이런 이름으로 불리는 요리예요. 닭고기 대신 다른 고기를 사용하면 부모 자식이 아닌 타닌동他人丼, 즉 다른 사람 덮밥이 되죠. 맛이 담백하고 가벼워서 부담 없이 먹을 수 있고, 만드는 법이 간단해서 자취생의 요리로도 유명해요.

가츠동 – 가츠가 들어가는 만큼 돈가스를 올린 덮밥이에요. 단순히 돈가스만 올리면 간이 맞지 않으니 달착지근한 소스를 더하고 오야코동처럼 양념한 달걀을 올려 먹어요. 가츠동カツ丼은 일본 드라마에서 형사들이 자주 먹는 음식으로도 유명해요. 잠복근무 중에 배달해서 먹거나, 사비를 털어 가츠동을 사주면 용의자가 눈물을 흘리며 자백하는 식이죠. 실제로 가난한 형사들이 자주 먹는 서민의 친구 같은 음식이라고 해요.

우나동 – 장어 덮밥이라는 뜻으로, 최초의 돈부리 요리이기도 해요. 옛날 일본에 장어 애호가가 있었는데, 배달원이 밥과 장어를 따로 가져오는 걸 보고는 밥 위에 장어를 올리면 좋지 않겠냐고 제안했어요. 장어가 밥의 열기로 자동 보온이 되는 이 효율적인 요리가 우나동うな丼이 된 거죠. 우나동은 우리나라의 삼계탕처럼 기운 없을 때 먹는 보양 음식으로 유명해요.

5 인도, 태국, 베트남

전 세계적으로 아시아 요리의 인기가 심상치 않아요. CNN Go에서 세계에서 제일 맛있는 음식 50개를 선정한 적이 있는데, 1위인 태국 마싸만 커리를 비롯해 아시아 음식이 19개나 선정됐죠. 일본과 중국 음식의 뒤를 이어 인도, 태국, 베트남 같은 다른 아시아 국가의 요리가 신선한 자극을 주고 있는 거예요. 덕분에 이제 외국 드라마나 영화에서도 젓가락을 능숙하게 쓰는 모습이 심심찮게 나오죠.

인도

인도는 역시 커리가 유명하죠. 커리는 소스나 고깃국물이라는 뜻이에요. 여러 가지 향신료를 넣고 끓여 만든 음식을 통칭하는 말이죠. 우리가 즐겨 먹는 카레의 원형인 커리는 인도를 식민 통치했던 영국인들이 만든 요리예요. 커리의 강한 향이 어색했던 영국 사람들은 익숙한 향신료를 넣고 밀가루를 넣어 가루로 만드는 방법을 개발했어요. 분말 형태라 제품으로 만들어 팔기 쉬워지면서, 커리는 전 세계로 보급되기 시작했어요. 이 분말 커리를 밥 위에 올려 먹기 좋게 개량한 제품이 바로 일본식 인스턴트 카레예요. 인도에서 가루형 혼합 향신료는 마살라Masala라고 부르는데, 수백 가지 향신료를 이용하기 때문에 무한대에 가까운 조합이 있어요. 일본식 카레에 정향, 큐민, 카다몸, 계피, 넛맥 같은 향신료를 넣으면 집에서도 인도 느낌이 물씬 나는 요리를 즐길 수 있어요.

커리는 워낙 종류가 다양해서 고르기가 쉽지 않아요. 일단 메뉴판을 보면 매운맛과 순한맛으로 분류돼 있으니 취향에 따라 고르면 되죠. 매운맛 커리로는 닭고기 조각이라는 뜻인 치킨 티카 마살라가 가장 유명하고, 포르투갈 요리에서 유래한 빈달루 커리도 인기 요리예요. 식초vinho와 마늘alhos이 들어가기 때문에 이런 이름이 붙었어요. 순한맛 커리에는 버터가 들어가 부드러운 맛을 자랑하는 마크니 커리, 시금치와 치즈라는 뜻인 팔락 파니르 커리가 유명해요. 커리 외의 대표 요리로는 탄두리 치킨이 있죠. 탄두리 치킨은 인도에서 축제나 결혼식 같은 특별한 행사에 빠지지 않고 오르는 음식이에요. 향신료에 재운 닭고기를 화덕인 탄두리에 구워서 만들죠.

또 난Naan이 빠지면 섭섭하겠죠? 인도 북부에서 즐겨 먹는 난은 빵을 의미하는 이란어에서 유래한, 인도식으로 납작하게 구운 빵이에요. 기본 난과 마늘, 버터, 꿀 등의 다양한 변형이 있으니 입맛에 맞게 골라 보세요. 식으면 질겨지니 뜨거울 때 먹어야 해요. 밥 요리도 있는데, 밥알이 붙지 않아 처음 먹는 사람은 당황하기도 하죠. 인도에서는 인디카라고 하는 길쭉하게 생긴 쌀을 먹어요. 찰기가 없고 독특한 향이 나서 커리나 볶음밥처럼 소스가 잘 섞여야 하는 요리에 어울려요. 우리나라에서 먹는 쌀은 자포니카라고 해서 밥 자체의 맛을 즐기기에 좋은 쌀이죠. 우리에겐 낯설지만, 사실은 인디카 쌀이 세계 쌀 생산량의 80퍼센트를 차지해요.

태국

태국 요리는 일본 요리를 위협한다는 말을 들을 정도로 급성장하고 있어요. 태국은 쌀 수출량이 세계 1위일 정도로 토지가 비옥하고, 해산물과 과일도 풍부해 일찍부터 요리 문화가 발달했어요. 다양한 재료와 맛의 조합을 선호하고, 우리나라나 중국 쓰촨 지방처럼 매운맛을 즐기죠. 하지만 단맛을 중심으로 짠맛, 신맛과 다양한 향신료를 조합하는 특유의 감각으로 큰 인기를 얻고 있어요. 태국 음식 열풍의 진정한 비결은 자국 음식에 대한 태국인들의 유별난 사랑이에요. 음식을 좋아하고 즐기는 사람이 많아서, 그만큼 맛과 품질에 까다롭다고 해요. 타이 셀렉트Thai Select라는 제도를 통해 우수한 해외 태국 레스토랑을 정부가 직접 인증할 정도죠. 내가 사랑하는 음식이 이 정도는 돼야 한다는 느낌이랄까요.

태국 요리는 요리 이름이 독특해서 주문할 때 발음이 꼬이곤 해요. 자주 나오는 단어는 팟볶음, 얌무침, 똠찌개, 깽카레, 카우밥, 꾸에띠오국수, 꿍새우, 까이닭고기, 느아쇠고기, 무돼지고기, 뿌게살예요. 제일 유명하고 부담 없는 요리는 태국 여행 가면 꼭 먹게 된다는 팟타이예요. 팟은 볶음, 타이는 태국이라는 말이니 태국식 볶음이라는 뜻이죠. 남쁠라라는 태국이 자랑하는 생선 발효 소스에 면을 넣고 볶은 요리예요. 볶음밥은 카우 팟이라고 해요. 팟타이만큼 유명한 요리로는 똠얌꿍이 있어요. '얌'은 시다는 뜻이니 해석하면 '새우를 넣은 신맛 나는 찌개'가 되겠죠. 쇠고기를 넣으면 똠얌느아, 닭고기를 넣으면 똠얌까이예요. 향이 특이해서 쉬운 메뉴는 아니지만, 세계 3대 수프라 불릴 정도로 팬이 많은 요리예요. 샐러드 중에는 특이하게 녹두 당면운센을 쓰는

얌운센이 유명하죠. 태국식 쇠고기 국수인 꾸에띠오 느아는 베트남 쌀국수와는 다른 쌀국수를 즐기고 싶을 때 안성맞춤인 요리예요.

베트남

베트남도 아시아 요리 인기의 한 축을 담당하죠. 지리적으로 가까운 나라인 만큼 베트남 요리는 태국 요리와 비슷한 점이 많아요. 대표 조미료도 태국의 남쁠라처럼 생선을 발효해 만든 느억맘이어서, 익숙해지지 않으면 두 나라 요리를 구분하기가 쉽지 않죠. 하지만 베트남은 전쟁과 프랑스 식민지를 겪으면서 음식 문화에도 큰 변화가 있었어요. 바게트 사이에 베트남 토속 재료를 넣는 샌드위치인 반미[Banh Mi]가 대표 길거리 음식일 정도죠. 그래서 베트남 요리를 공부하면 전쟁의 아픔과 그 속에서 살아가는 사람들의 지혜를 엿볼 수 있지요.

우리에게 베트남 요리는 곧 쌀국수라고 할 정도로 쌀국수의 인기가 대단하죠. 포[Pho]라고 부르는 이 요리는 한국에 베트남 음식이 알려지는 계기이기도 했어요. 포는 의외로 역사가 짧은 음식이에요. 베트남을 식민지로 만든 프랑스 사람들은 쇠고기 삶은 물을 버리곤 했는데, 여기에 국수를 넣어 먹던 요리가 포의 기원이에요. 그전에도 국수를 즐기긴 했지만, 농사를 돕는 소를 함부로 먹을 순 없었죠. 그리고 전쟁 때문에 배를 타고 탈출한 난민이 전 세계에 퍼지면서, 베트남 쌀국수도 세계인의 입맛을 사로잡게 되었죠. 탄생에서 보급까지 전쟁이 함께한 요리인 셈이에요. 우리나라에서는 거부감이 들지 않도록 특유의 향을 줄여서 나오는데, 간혹 현지식으로 주문이 가능한 곳도 있으니 한 번쯤 도전해 봐도 좋을 거예요.

포 다음으로 많이 먹는 요리는 월남쌈이에요. 베트남도 일본처럼 불교의 영향을 받아 채소를 즐기는 나라예요. 월남쌈은 그런 베트남 요리의 특징을 잘 보여 주는, 채소를 듬뿍 먹을 수 있는 요리죠. 다양한 재료를 라이스 페이퍼에 돌돌 말아 먹는 고이꾸온이라는 요리가 원조라고 해요. 우리나라에서는 미리 말아서 나오면 스프링롤, 구절판처럼 재료를 펼쳐놓고 손님이 직접 말아 먹으면 월남쌈이라고 부르죠. 스프링롤을 튀기면 베트남식 튀김 만두인 짜조가 되고요. 고소한 땅콩소스와 느억맘에 설탕을 넣어 단맛, 짠맛, 감칠맛을 더하는 느억짬이 같이 나오니 원하는 대로 찍어 먹으면 되죠.

6 스페인, 멕시코

인도, 태국, 베트남이 신흥 강자라면, 스페인과 멕시코는 떠오르는 신인이에요. 숨겨진 매력을 알아보는 사람들이 늘어나면서 이미 서양에서는 프랑스 음식의 맞수로 급부상했죠. 특히 페란 아드리아가 운영했던 스페인 레스토랑 '엘 불리'가 5년 연속 세계 레스토랑 1위로 선정되면서 스페인 요리도 크게 주목받았어요. 마땅한 면 요리가 없어서인지 아직 우리나라에는 널리 보급되진 않았지만, 그래도 조금씩 꾸준히 전문 레스토랑이 늘어나는 추세예요.

멕시코는 전통적으로 채소와 과일을 많이 먹는 나라였어요. 그래서 멕시코 음식은 건강식으로 인기를 끌죠. 특히 비만이 심각한 사회문제가 된 미국에서는 패스트푸드의 대안으로 멕시코 요리가 대활약하죠. 텍사스주를 중심으로 미국과 멕시코의 퓨전 음식도 많이 개발돼서, 텍스멕스Tex-Mex라는 신조어도 생겼어요. 사실 우리나라에 들어온 멕시코 요리는 대부분 이 텍스멕스 요리예요.

스페인

스페인 음식은 이탈리아 음식과 느낌이 비슷해요. 올리브유가 빠짐없이 들어가면서도 지방마다 개성이 뚜렷하고, 온 가족이 함께하는 식사를 중시해서 소박하고 편안한 음식이 많죠. 이런 매력을 잘 보여 주는 요리가 바로 스페인 대표 음식인 파에야Paella예요. 파에야는 원래 파에야를 만드는 데 쓰는, 넓고 양쪽에 손잡이가 달린 팬을 말해요. 조리 도구가 요리 이름이 된 사례죠. 파에야 팬이 이렇게 넓은 이유는 한 번에 많이 만들어서 가족이나 동네 사람들과 나눠 먹어야 하기 때문이에요. 그래서 잔치나 결혼식 같은 행사에 빠지지 않고 등장하는 요리이기도 하죠. 푸짐한 가정식의 매력이 있는 파에야는 스페인 볶음밥이라고 부르기도 하는데, 인디카 쌀을 쓰는 데다 생쌀을 넣고 익히는 요리여서 느낌이 제법 달라요. 대신 잘 만든 파에야는 쌀알 하나하나에 스며든 육수의 감칠맛을 만끽할 수 있어요. 팬에 눌러붙은 소카라트라고 부르는 누룽지를 먹는 재미도 있죠. 카탈루냐 지방의 명물인 해산물을 이용하는 파에야 데 마리스코Paella de marisco가 가장 유명하고 무난한 메뉴예요.

타파스Tapas는 파에야와는 다른 매력으로 스페인 요리의 인기를 책임지죠. 뚜껑이라는 뜻인 타파Tapar에서 유래한 요리인데, 예전 스페인에서는 파리가 빠지지 않도록 와인 병 입구를 빵 조각으로 덮어놓았다고 해요. 이 빵 위에 간단한 재료를 올리기 시작하면서 타파스 요리가 발전하기 시작했죠. 지금은 한입 크기로 작게 만든 스페인 요리를 통칭해서 타파스라고 불러요. 피자처럼 재료를 올리기 나름이라 종류는 무궁무진해요. 요리사는 창의력을 마음껏 발휘하고, 손님은 과식 걱정 없이 다양한 맛을 즐길 수 있어 많은 사랑을 받지요. 다채로움과 감각적인 즐거움을 무기로 요리계의 유행을 주도한다는 평을 들을 정도예요. 새로운 인기 간식으로 주목받은 추로스Churros 역시 길쭉한 밀가루 반죽을 굽거나 튀기는 스페인 음식이에요.

멕시코

멕시코는 고추의 원산지인 만큼 고추를 아낌없이 쓰는 매운 요리의 왕국이에요. 우리나라에 필적할 정도로 매운맛을 즐기는 몇 안 되는 나라죠. 음식을 찍어 먹는 소스에 칠리라고 부르는 다양한 고추를 넣어 매운맛을 내는데, 세계에서 4번째로 매운 고추인 하바네로도 즐겨 먹을 정도예요. 멕시코 음식은 특히 소스가 발달해서 토마토로 만드는 살사Salsa, 아보카도로 만드는 과카몰레Guacamole, 생크림을 발효해 신맛이 나는 사워크림 등으로 맛의 변화를 주죠.

우리나라의 밥에 해당하는 멕시코 음식의 기본은 토르티야Tortilla예요. 마사Masa라고 하는 옥수숫가루를 반죽해서 만드는 얇은 빵인데, 옥수수를 구하기 어려운 지방에서는 밀가루로 만들어요. 이 토르티야에 볶은 채소와 고기를 넣고 싸 먹으면 파히타Fajita가 되고, 생채소를 넣으면 멕시코 대표 음식인 타코Taco가 돼요. 다양한 변화가 가능한 요리여서 김치, 프라이드치킨, 갈비 같은 재료를 넣은 김치 타코Kimchi Taco가 뉴욕에서 돌풍을 일으켰죠. 부리토Burrito는 토르티야에 볶은 콩밥을 넣고 돌돌 만 다음 과카몰레나 치즈 등을 얹어 먹는 요리예요. 토르티야에 치즈를 넣고 반으로 접어 구우면 케사디야Quesadilla라고 하는데, 치즈를 의미하는 스페인어 케소Queso에서 유래한 이름이죠. 또 토르티야를 잘라서 튀긴 것이 바삭바삭한 맛이 일품인 나초예요.

레스토랑 코스 요리의 비밀

레스토랑 메뉴를 보면 점심이나 저녁 특선으로 코스 요리가 마련돼 있죠. 나라마다 구성은 다르지만, 맛을 배치하는 순서는 비슷해요. 5가지 기본 맛을 알고 나면, 코스 요리 순서에 숨겨진 비밀을 알 수 있죠. 정교하게 구성된 코스 요리에는 어떤 지혜가 숨어 있는지 한 번 파헤쳐 볼까요?

코스 요리가 가장 발달한 프랑스의 정찬은 많으면 21코스까지 있다고 해요. 하지만 지금은 프랑스 현지에서도 보기가 어려우니, 현대적인 프랑스 코스 요리를 기준으로 할게요. 현대 코스 요리는 빵 → 전채 → 수프 → 앙트레 → 생선 요리 → 셔벗 → 고기 요리 → 샐러드 → 치즈 → 디저트와 음료로 진행돼요.

주문이 들어가면 제일 먼저 식전 빵과 찍어 먹는 오일이 나오죠. 이름이 식전 빵이라 다른 음식이 나오기 전에 다 먹어야 할 것 같지만, 사실 빵은 한식의 김치처럼 '우리 집 실력이 이 정도입니다'라는 의미로 내놓는 음식이에요. 그래서 나중에 주요리가 나오면 소스에 찍어 먹어도 괜찮고, 마음에 든다면 더 달라고 해도 돼요. 같이 나오는 오일은 대부분 올리브유에 발사믹 식초를 섞어서 만들죠. 담백한 빵에 식초의 신맛을 더해 본격적인 식사를 준비하는 거예요. 일부 문화권에서는 이때 쓴맛이 나는 음료를 마셔 식욕을 더하기도 해요.

그다음에는 전채 요리가 나오죠. 프랑스어로는 '식사 전'이라는 뜻인 오르

되브르라고 하고, 영어로는 애피타이저라고 불러요. 전채는 가벼운 짠맛이나 신맛으로 식욕을 돋우고 위장에 적당한 자극을 주는 역할을 해요. 그래서 가장 대표적인 전채인 멜론 프로슈토는 소금에 절인 햄과 멜론을 함께 먹는 요리죠. 일반적인 코스 요리에서는 샐러드가 전채 역할을 하는데, 대부분의 샐러드 소스에 식초가 들어가는 이유도 여기에 있어요.

전채가 끝나면 이제 수프가 나와 본격적인 식사를 알리죠. 맛있게 만들려면 상당한 시간과 노력이 필요해서, 본 식사의 수준이 어느 정도일지 미리 알려 주는 요리라고 해요. 수프는 먹는 사람의 몸을 따듯하게 하는 효과가 있고, 국물 요리가 드문 양식에서 감칠맛을 보충하는 역할을 해요. 수프의 기본이 되는 스톡이 바로 물에 우려낸 감칠맛 성분이기 때문이죠. 인스턴트 수프 때문에 자취를 감추고 있지만, 전통 방식 수프는 절대 만만한 음식이 아니에요. 프랑스 정찬에서는 콩소메라는 맑은 수프가 빠지지 않는데, 10년을 배워야 제대로 만든다는 말이 있을 정도예요.

앙트레Entrance는 입구라는 뜻이에요. 주요리가 시작된다는 의미죠. 다만 미국에서는 의미가 조금 달라져서 주요리를 뜻해요. 앙트레 요리는 아주 다양해서, 요리사가 마음껏 창의력을 발휘하는 부분이기도 해요. 프랑스의 유명한 달팽이 요리인 에스카르고가 대표적인 앙트레 요리예요. 세계 3대 진미로 통하는 푸아그라나 캐비어도 주로 앙트레로 만날 수 있죠.

앙트레가 끝나면 생선 요리가 나와 가벼운 감칠맛과 짠맛을 전달한 다음, 과즙에 물, 우유, 설탕 따위를 섞어 얼린 차가운 셔벗sherbet으로 뜨거워진 입을 식히고 혀를 씻어 미각을 다시 예민하게 하죠. 그런 다음에는 드디어 주인공인 고기 요리 차례예요. 육류에 특히 풍부한 감칠맛이 소금의 짠맛으로 강조되어, 아주 묵직한 맛을 느낄 수 있어요. 생선 요리를 먼저 먹는 것도, 셔벗으로 온도를 낮추는 것도 다 주인공을 제대로 맛보기 위해서예요. 주요리 대부분이 고기 요리인 이유는 감칠맛이 진해 강한 인상을 주기 때문이죠.

주인공이 퇴장하면 이제 후반부를 담당하는 샐러드와 치즈의 차례예요. 일반적으로 샐러드는 맨 처음이나 빵 다음에 나오지만, 특이하게도 프랑스 코스 요리에서는 주요리 다음에 샐러드가 나와요. 샐러드의 역할은 전채와 비슷해서, 채소의 쓴맛을 짠맛으로 중화하고 산뜻한 신맛을 더해 지친 혀를 쉬게 하죠. 치즈는 서양식에서는 드문 발효 음식이에요. 그래서 발효 음식 특유의 향기와 감칠맛으로 더욱 풍부한 맛의 향연을 즐기게 하죠.

마지막은 달콤한 디저트의 차지예요. 디저트는 말 자체가 '치우다'라는 뜻인 Desservir에서 왔어요. 식탁을 다 치운 다음에 내놓는 음식이란 말이겠죠? 디저트의 역할은 역시 단맛 공급이에요. 단맛은 굉장히 강한 맛이라, 단맛을 느끼고 나면 다른 맛은 잘 못 느끼게 돼요. 그래서 코스 요리에서는 가장 마지막에 단맛을 집중적으로 배치하죠. 한식이 기본양념에 설탕이 들어가 복합적인 맛을 낸다면, 양식은 디저트에 설탕을 몰아서 넣는 식이에요. 그래서 케이크에 들어가는 설탕량을 알면 깜짝 놀라는 사람이 많죠. 디저트를 먹는다는 건 더는 다른 맛은 느끼지 않겠다, 즉 식사를 끝내겠다는 의미예요. 또 아이들에게는 긴 식사 시간을 버틴 답례로 주는 일종의 선물이기도 해요.

맛의 진행에서 온도 변화까지 고려하는, 상당히 정교한 구성이죠? 복잡해 보이지만 가벼운 맛에서 진한 맛으로, 신맛으로 시작해 단맛으로 마무리 한다는 기본 원리만 알면 다른 코스 요리도 이해할 수 있어요. 기본 3코스도 샐러드신맛 - 주요리감칠맛+짠맛 - 디저트단맛로 구성되죠. 일식 초밥 코스도 맛이 가벼운 흰 살 생선에서 무거운 붉은 살 생선 초밥으로 진행되죠. 음식 문화 곳곳에는 이렇게 오랫동안 축적된 인류의 지혜가 담겨 있어요. 이제 뷔페에서 나만의 코스 요리를 짜 보면 어떨까요?

참고한 자료

웹사이트

맛칼럼니스트 황교익 블로그http://foodi2.blog.me/

슬로푸드 한국협회http://slowfoodkorea.tistory.com/

한국공정무역연합http://fairtradekorea.net/

아름다운커피http://beautifulcoffee.org/

알바연대http://www.alba.or.kr/

청년유니온http://youthunion.kr

씨앗들협동조합http://cafe.naver.com/waithongbo

파릇한절믄이 파절이https://www.facebook.com/Pajeori

책

마이클 폴란 지음, 조윤정 옮김, 『잡식동물의 딜레마』, 다른 세상, 2008년

마이클 폴란 지음, 김현정 옮김, 『요리를 욕망하다』, 에코리브르, 2014년

마이클 폴란 지음, 서민아 옮김, 『푸드룰』, 21세기북스, 2010년

제프 포터 지음, 김정희 옮김, 『괴짜 과학자, 주방에 가다』, 이마고, 2011년

존 로빈스 지음, 안의정 옮김, 『존 로빈스의 음식 혁명』, 시공사, 2011년

제인 구달, 게리 매커보이, 게일 허드슨 지음, 김은영 옮김, 『희망의 밥상』, 사이언스북스, 2006년

데이비드 A. 케슬러, 이순영 옮김, 『과식의 종말』, 문예출판사, 2010년

함규진 지음, 『왕의 밥상』, 21세기북스, 2010년

박찬일 지음, 『박찬일의 파스타 이야기』, 허밍버드, 2016년

에릭 슐로서 지음, 김은령 옮김, 『패스트푸드의 제국』, 에코리브로, 2001년

박병상 지음, 『탐욕의 울타리』, 이상북스, 2014년

이대택 지음, 『영양시대의 종말』, 따비, 2014년

전호용 지음, 『알고나 먹자』, 글항아리, 2015년

수잔 앨버스 지음, 서용조 옮김, 『음식 없이 나를 위로하는 50가지 방법』, 전나무숲, 2013년
윤대현, 유은정 지음, 『나는 초콜릿과 이별 중이다』, 21세기북스, 2011년
장성익 지음, 『왜 너희만 먹는 거야』, 풀빛미디어, 2013년
최현주 지음, 『제이미 올리버 즐거운 요리로 세상을 바꿔』, 탐, 2014년
김종덕 지음, 『슬로푸드 슬로라이프』, 한문화, 2003년
황윤지 지음, 『청춘액션플랜』, 들녘, 2011년
한영용 외 지음, 『요리사가 말하는 요리사』, 부키, 2006년
심가영 지음, 『젊은 오너쉐프에게 묻다』, 남해의봄날, 2014년

영상

'행복한 삶에 대하여', 딘 오니쉬, TED 2004
'의사들이 처방약에 대해 알아야 할 것', 벤 골드에이커, TEDMED 2012
'부정적인 과학과 씨름하는 것', 벤 골드에이커, TEDGlobal 2011
'또 하나의 불편한 진실', 조나단 폴리, TEDxTC 2010
'전세계적인 식량낭비 스캔들', 트리스트람 스튜어트, TEDSalon London 2012
'어느 도시의 비만 탈출기', 믹 코넷, TEDMED 2013
'모든 아이들에게 음식에 대해 가르칩시다', 제이미 올리버, TED 2010
'왜 다이어트는 보통 효과가 없는 걸까?', 산드라 애모트, TEDGlobal 2013
'댄 바버가 들려주는 놀라운 푸아그라 우화', 댄 바버, Ted Taste3 2008
'남부 브롱스에서 채소를 재배하는 선생님', 스티브 리츠, TEDxManhattan 2012
'왜 난 주중 채식주의를 택했는가?', 그래햄 힐, TED 2010
'한 시기에 씨앗 한 개가 식량의 미래를 보호한다', 캐리 파울러, TEDGlobal 2009

다큐멘터리

전주 MBC 다큐멘터리 - 육식의 반란 I: 마블링의 음모
전주 MBC 다큐멘터리 - 육식의 반란 III: 팝콘치킨의 고백

SBS 스페셜 - 동물, 행복의 조건
SBS 스페셜 - 미각예찬, 당신의 혀를 보호하라
EBS 하나뿐인 지구 - 치명적인 유혹, 지방
EBS 다큐프라임 - 맛이란 무엇인가
EBS 다큐프라임 - 이웃소통 프로젝트: 밥 한번 먹자
KBS 스페셜 - 종자 독점, 세계를 지배하다

사진 출처(실린 순)

'짜장면'이 뜬다'라는 특집 기사를 담은 뉴스메이커의 표지: 국립민속박물관
금성사가 제작한 냉장고 소개 광고지: 국립민속박물관
미국산 쇠고기 수입 반대 시위를 하는 시민들: 최상천
옥수수: 조영권
김장철 시장 풍경: 국가기록원
동의보감: 국립민속박물관
국자표 '미풍' 광고간판: 국립민속박물관
추석에 가족들이 모여앉아 송편 빚는 모습: 국가기록원
도시 한복판에서 짓고 있는 벼농사: 이상수

* 이 책에 실린 사진 중 저작권자를 찾지 못하여 허락을 받지 못한 사진에 대해서는 저작권자가 확인되는 대로 통상의 기준에 따라 사용료를 지불하도록 하겠습니다.